Da Cena em Cena

Coleção Estudos
Dirigida por J. Guinsburg

Equipe de realização – Revisão: Eloisa Graziela Franco de Oliveira; Sobrecapa e ilustrações: Sergio Kon; Produção: Ricardo W. Neves e Sergio Kon.

J. Guinsburg

DA CENA EM CENA
ENSAIOS DE TEATRO

 PERSPECTIVA

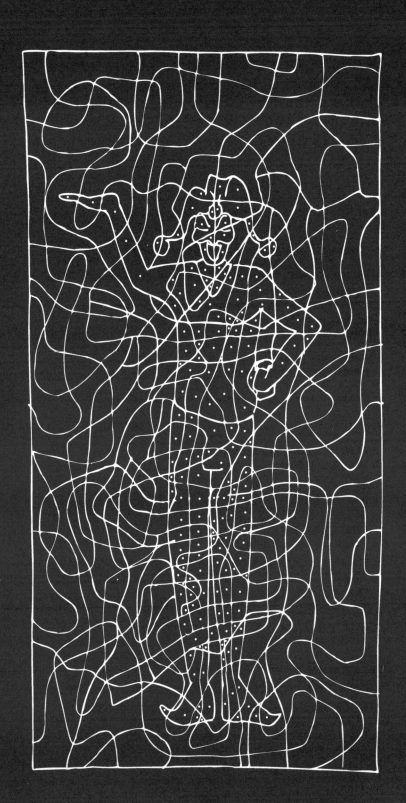

Dados Internacionais de Catalogação na Publicação (CIP)
(Câmara Brasileira do Livro, SP, Brasil)

Guinsburg, J.
Da cena em cena : ensaios de teatro / J. Guinsburg ; [ilustrações Sergio Kon]. -- São Paulo : Perspectiva, 2015. -- (Estudos ; 175 / dirigida por J. Guinsburg)

2. reimpr. da 1. ed. de 2001.
ISBN 978-85-273-0273-9

1. Ensaios 2. Teatro 3. Teatro - História e crítica I. Título. II. Série.

07-0144   CDD-809.2

Índices para catálogo sistemático:
1. Teatro : História e crítica   809.2

1ª edição – 2ª reimpressão

Direitos reservados à

EDITORA PERSPECTIVA S.A.

Av. Brigadeiro Luís Antônio, 3025
01401-000 – São Paulo – SP – Brasil
Telefax: (0--11) 3885-8388
www.editoraperspectiva.com.br
2015

Sumário

Nota ao Leitor XI
Apresentação – *Sábato Magaldi* XIII

1. A Ideia de Teatro 3
2. O Teatro no Gesto 9
3. Diálogos sobre a Natureza do Teatro 13
4. O Lugar do Teatro no Contexto da Comunicação de
   Massa.. 31
5. A Crítica, o Historicismo e Herder: Notas para uma
   Introdução 39
6. O Titereiro da Graça: Kleist – *Sobre o Teatro de
   Marionetes*... 45
7. Nietzsche no Teatro..................................... 55
8. Uma Operação Tragicômica do Dramático: O Humorismo.. 69
9. Vanguarda e Absurdo: Uma Cena de Nosso Tempo........ 75
10. Anatol Rosenfeld e o Teatro 97
11. Brecht: Baal Dialeta 101
12. Haroldo de Campos e o Teatro 105
13. Texto ou Pretexto 111
14. Elementos de Espetáculo e Drama entre os
    Antigos Hebreus 117
15. Indícios de Atividade Teatral entre os Judeus na
    Época Helenística e Romana.........................131
16. Um Fragmento da Peça de Ezekielos – *Exagoge* 133

Nota ao Leitor

Como se depreende do título e subtítulo do presente livro, *Da Cena em Cena: Ensaios de Teatro*, a arte dramática, sob diversos ângulos, é a preocupação comum de todos os trabalhos aqui agrupados. Escritos no decurso de mais de três décadas de atividade como articulista, professor e editor com especial interesse na pesquisa estética e histórica, na discussão crítica e na difusão pedagógica da obra teatral, de seus elementos e de seu processamento, foram publicados na imprensa e em revistas acadêmicas, correndo a sorte que acompanha esse gênero de divulgação, ou seja, a da vida mais do que breve... Poder-se-á pensar que não se deveria perturbar-lhes o repouso, mas a esperança de que ainda merecessem mais uma oportunidade e a estimulante sugestão de alguns amigos e alunos ("queria ler aquele texto, mas não houve jeito de encontrá-lo") acabaram animando o autor a coligir e reeditar esses ensaios. Se a tentativa se justifica ou não, dirá o leitor preocupado com as questões do teatro... De todo modo, aqui estão.

J. Guinsburg
31 de janeiro de 2001

Apresentação

Quem acompanha as atividades de Jacó Guinsburg como editor, desconhecendo as publicações de sua autoria, vai surpreender-se com *Da Cena em Cena*. Porque ele é um ensaísta de primeira grandeza – rigoroso, culto, conhecedor profundo de seu objeto de estudo, e se movimenta com desenvoltura pela estética, pela filosofia e pela arte, em que o teatro se tornou o foco privilegiado, além de dispor de sóbria elegância no domínio do idioma.

A maturidade do pensamento do autor pode explicar-se, sem dúvida, pelo longo período de magistério por ele exercido. Desde os tempos de ensino na Escola de Arte Dramática, continuados na Escola de Comunicações e Artes da Universidade de São Paulo, Jacó se aprimorou sobretudo na Teoria do Teatro, infelizmente tão pouco estudada entre nós. Nesse campo, cabe afirmar que se trata do herdeiro espiritual de Anatol Rosenfeld, mestre de *O Teatro Épico*, *Prismas do Teatro*, *História da Literatura e do Teatro Alemães* e de outras obras que figurariam com relevo na bibliografia de qualquer País.

Veja-se a consistência do volume, a partir do primeiro capítulo, dedicado à ideia de teatro. O tema, que encerraria o risco de incidir no lugar comum, é desenvolvido na dimensão histórica e especulativa, para sugerir:

> [...] perguntar pela origem do teatro é o mesmo que perguntar pela origem do pensamento, da linguagem e da cultura na criatura e na sociedade humanas. O penhor de sua expressão é o próprio homem, pois a ideia de teatro é, nele, o próprio teatro da ideia.

Ao examinar "O Teatro no Gesto", Jacó descarta o privilégio concedido ao texto ou ao encenador, em detrimento do intérprete. Tanto a valorização do elemento literário como a do desenho do espetáculo não prescinde do desempenho. O ator é visto como "um legítimo cocriador do teatro em ato", estendendo-se essa condição ao público.

Nos "Diálogos sobre a Natureza do Teatro", fica explicitada a qualidade didática do professor. A análise da tríade essencial (texto, ator e público) cresce por meio das perguntas contínuas dos alunos, o que, de um lado, evita possível aridez da exposição e, de outro, permite o aprofundamento progressivo do tema. Conceituam-se duas funções necessárias – a concreção mimética e a articulação significativa –, concluindo a aula o exame da relação texto-teatro. As observações conduzem a um entendimento justo do teatro como arte autônoma, que não se confunde com literatura, mas se nutre de recursos múltiplos, provenientes de várias artes.

Com a convicção de que "no teatro o homem é a medida de todas as coisas", Jacó preserva a permanência de seu lugar no contexto da comunicação de massa. No século XX, embora vítima do ataque do cinema e depois da tevê, ele encontra talvez uma razão mais forte para a sobrevivência, ao valorizar os seus elementos básicos, além de absorver o que é passível de assimilação nas outras artes. O ensaísta registra, com acerto, que "o mínimo que se pode dizer, a esta altura, é que ele (o teatro) decorre de uma necessidade antropológica".

Outro capítulo, contido no modesto título "notas para uma introdução", enfeixa uma precisa síntese da evolução da crítica teatral, que sob um aspecto é tributária da análise da literatura, pela parte do texto, e sob outro tem que dar conta da totalidade do espetáculo, fenômeno muito mais complexo. Reconhecendo embora que as Poéticas tradicionais não dispensavam a verdadeira existência do teatro no palco, Jacó data do início do século XIX "a tendência para destronar o texto de sua realeza absoluta e de avaliá-lo em função do conjunto". O historicismo, que ganha plenitude no romantismo, consagra essa postura, cujos precursores foram Vico e Herder, estudados com uma persuasiva objetividade.

Entre as múltiplas realizações de Jacó Guinsburg inclui-se, ainda, a de tradutor. *Da Cena em Cena* apresenta uma amostra dessa faceta do intelectual – um trabalho que, datado de 1810, só nos últimos tempos recebeu o devido reconhecimento: *Sobre o Teatro de Marionetes*, de Heinrich von Kleist. A importância do texto e do autor de *Pentesileia* e *Príncipe de Homburgo*, entre outras peças, está assinalada numa esclarecedora introdução.

Talvez o capítulo que forneça o melhor exemplo do talento ensaístico de Jacó seja o dedicado a Nietzsche no teatro. A primeira obra do filósofo, *O Nascimento da Tragédia*, de importância fundamental para as indagações que vieram depois, é esmiuçada em todos

APRESENTAÇÃO   XV

os aspectos e na descendência teórica e prática por ela suscitada. O que não impede o autor de sintetizar, com aguda percepção, as tragédias dos clássicos gregos Ésquilo, Sófocles e Eurípides, bem como as óperas de Wagner.

"Uma operação tragicômica do dramático: o humorismo" distingue o que há de específico na teoria e no teatro de Pirandello. Em poucas páginas, o autor fornece as chaves para a penetração no universo do pensador e dramaturgo italiano, formulando o conceito: "É o teatro no teatro que faz da vida do palco o palco da vida. Compreende-se pois que seja inerente à obra pirandelliana uma estética visceralmente fenomenológica".

O ensaísta encara, a seguir, um objeto típico do nosso tempo – a vanguarda e o absurdo. *Ubu Rei*, de Alfred Jarry (1896), marco precursor da nova linguagem, vem fecundar toda uma dramaturgia surgida em meados do século XX. Pertencem a ela Ionesco, Beckett, Adamov, Genet, Audiberti e Schéhadé, saídos de pequenos teatros da *rive gauche* parisiense, repercutindo no mundo inteiro. Nesse capítulo, Jacó estabelece inteligente diálogo com Léonard C. Pronko, que escreveu *Teatro de Vanguarda (Beckett, Ionesco e o Teatro Experimental na França)*, avaliação coletiva da nova corrente europeia.

A essa altura, não será difícil perceber que o livro contém uma história informal do teatro, fixando numerosas fases suas. As questões estéticas levantadas recorrem com frequência à realidade cênica desde a Grécia do século V a.C., e os vários problemas do palco tornam-se motivo de reflexão.

O volume presta justa homenagem ao amigo Anatol Rosenfeld, cuja ampla bagagem, que percorreu os mais diferentes campos, privilegiou sempre mais o teatro. O capítulo não se limita a evocar *O Teatro Épico* ou o antológico estudo sobre "O Fenômeno Teatral", mas rastreia o procedimento rosenfeldiano para chegar à visão da autonomia do ato cênico, e aplicar-se ainda na "ambiguidade, duplicidade e ambivalência humanas, ou seja, a *persona* da pessoa, a pessoalidade e a personalidade da personagem".

Em "Brecht: Baal Dialeta", Jacó faz uma exata colocação do significado da obra brechtiana, para ressaltar "a pregnância de vida que perpassa a sua criação". Para o ensaísta, Brecht "nunca embarca no evangelho apocalíptico. A existência tem para ele um sentido positivo e o homem está destinado a concretizá-lo, não enquanto paciente, mas como seu agente, em termos de uma plena autorrealização". A permanente denúncia das injustiças sociais acaba, assim, por adquirir um significado otimista.

Fosse o ensaísta um observador convencional, talvez não escrevesse o capítulo "Haroldo de Campos e o Teatro", que valoriza a incursão do poeta, um dos lançadores do concretismo, nos domínios do palco. Batalhador incansável nas hostes da vanguarda, Haroldo foi dos primeiros a reconhecer Oswald de Andrade e *O Rei da Vela*, e transcriou mais tarde os versículos do Gênese em *A Cena da Origem*. Jacó afirma que *Graal, Legenda de um Cálice* (1952) vai além do *Auto do Possesso* (1949-1950), "exprimindo uma afinidade congenial do poeta com a teatralidade", evidenciada no subtítulo Bufotragédia, que deu à peça. Sucedem-se o ensaio "A M.O.R.T.E. e o Parangogolé", que Haroldo dedicou a Gerald Thomas, e um tríptico que tem como tema o *Fausto*, já tratado em *Deus e o Diabo no Fausto de Goethe*, que a Perspectiva editou.

O título "Texto ou Pretexto", atribuído a outro capítulo, já indica as possibilidades de respeito estrito do encenador às palavras do dramaturgo ou o uso delas em função de um propósito menos ortodoxo. O ensaísta tem um entendimento aberto a respeito de um tema que já foi mais polêmico, admitindo

[...] que não há por que impugnar, em princípio, o uso que o inventor teatral possa fazer do legado dramatúrgico consagrado com o direito de permanência clássica, ou de quaisquer outros escritos modernos ou antigos, provenientes ou não da literatura dramática propriamente dita.

Depois de formular as várias hipóteses do diálogo que o encenador mantém com o texto, Jacó observa, com razão, que o uso dele, "e sobretudo de um texto carregado pelo consenso de validade estética em função de um determinado perfil, não pode servir como mero pretexto para a invenção cênica, mesmo que bem sucedida". E conclui que, "nesta hipótese, o inventor do novo *script* deve assumir plenamente a sua autoria, e não deferi-la, com um simples rótulo de 'adaptação', ao original e ao seu criador". O raciocínio encontra um bom exemplo em Meierhold, na famosa montagem de *O Inspetor Geral*, de Gogol, assumida pelo encenador na sua procura do grotesco.

Jacó Guinsburg produz, de longa data, como conhecido especialista da literatura e do teatro ídiche. Não é de estranhar, portanto, que os dois últimos capítulos focalizem o teatro judeu (não aquele em que os dramaturgos de origem judaica se exprimem contemporaneamente em outras línguas). Denominam-se eles "Elementos de Espetáculo e Drama entre os Antigos Hebreus" e "Indícios de Atividade Teatral entre os Judeus na Época Helenística e Romana". Encerra o primeiro capítulo uma boa história do problema, atestando mais uma vez a ampla erudição do ensaísta. E o segundo mostra que, não obstante as interdições, numerosos judeus participavam da assistência e a presença de atores judeus se comprovou nos palcos romanos.

Ilustrando o relato histórico, Jacó Guinsburg traduz o fragmento preservado da peça *Exagoge* ("Iniciação" ou "Êxodo"), de autoria de Ezekiel ou Ezekielos, judeu de Alexandria, composta entre o II e a metade do I século a.C. Ao contextualizar o texto, o ensaísta realiza mais uma vez uma análise convincente.

Espantam, em *Da Cena em Cena*, a riqueza de propostas, a autoridade no seu tratamento, a erudição sem pedantismo e o acréscimo que o livro representa para a bibliografia especializada no País. Jacó Guinsburg, que abriu as portas da Perspectiva para tantos nomes brasileiros e internacionais, passa a figurar agora entre os mais ilustres autores por ele editados.

Sábato Magaldi

1. A Ideia de Teatro

O teatro chegou até nós como uma arte cujos primeiros passos de gênero formalmente constituído foram dados na Grécia. Essa incontestável verdade histórica serviu de base no Ocidente, durante muito tempo, à ideia de que se tratou de um fenômeno único, sem paralelo, pelo menos no mesmo nível de codificação estética, em outros contextos socioculturais. Ele teria sido, como a filosofia e a ciência geradas na matriz helênica, o produto original dos mais altos voos do gênio nascido na epopeia homérica e exercitado na *polis*, no espírito de sua Paideia. Nem é preciso dizer que essa remessa exclusiva à raiz grega, e que ao longo da história resultou numa visão etnocentrada da relação do teatro com o Ocidente, teve um de seus esteios na escritura da tragédia e da comédia gregas que se compuseram em um legado dramático-literário de imperecível força poética, e no papel que a sua modelização veio a desempenhar. De fato, é no aristotelismo, nas teorizações de sua poética, de um lado, e na tradição da cultura humanística greco-latina, de outro, que se encontra uma das principais fontes formadoras do pensamento europeu e, especificamente, dos juízos de valor estético que lhe serviram de critério e paradigma durante quase dois milênios.

Tal avaliação, tomada como uma verdade quase indiscutível, floresceu, sem dúvida, com maior ênfase ainda, a partir do Renascimento, ao amparo das poéticas de Minturno, Scaliger, Castelvetro e sobretudo as do classicismo, mesmo quando transgredidas pelo barroco, e manteve-se no cerne incólume até o limiar do século XX. Isso, muito embora desde o início da expansão marítima europeia e, mais ainda, desde os primeiros contatos diretos com a Índia e os povos do Extremo Oriente, novas informações a respeito de modalidades teatrais lá cultivadas pudessem abalar essa concepção nucleada na Hélade.

É claro que, pelo próprio surto e pelo próprio senso de superioridade que animavam os agentes da ampliação geográfica, econômica e política do Ocidente, tal reconhecimento não se poderia fazer *lato sensu*, mas, quando muito, em termos de descobertas exóticas e apreciáveis apenas como expressão de um bárbaro fabulário oriental.

Um pouco sob esse prisma é que são vistas as notícias e mesmo as descrições mais esmiuçadas do teatro chinês, hindu e japonês no século XVIII, não obstante o fato de datarem de então as primeiras tentativas de verter algumas das peças clássicas dessa arte teatral, o que, para uma crítica menos ofuscada e unilateral, poderia servir de prova segura da existência de um repertório fixado como texto de uma avançada elaboração artística de produção dramática e teatral. Voltaire, por exemplo, ao inspirar-se na tradução feita pelo Padre Prémare de *O Órfão da Casa de Tchao*, uma obra do primeiro grande período da dramaturgia chinesa, na dinastia Yuan (1277-1368), para compor *L'Orphelin de la Chine*, teve em vista apenas o inusitado das personagens e das tramas. Não alimentava a mínima duvida de que, apesar dos já então reconhecidos feitos dos chineses nas artes civilizadas, seu teatro engatinhava. Quando muito, concedeu-lhe a graça de igualá-lo a outras cenas "bárbaras" da Europa. Assim, diz sem maiores rodeios:

> Só é possível comparar *O Órfão Tchao* às tragédias inglesas e espanholas do século XVII, que ainda agradam as plateias além dos Pireneus e do outro lado do Canal. A ação da peça chinesa dura vinte e cinco anos e, como nas monstruosas farsas de Shakespeare e Lope de Vega, que eles chamam tragédias, são um empilhamento de incríveis eventos[1].

Na verdade, como verifica Pronko, parecia aos iluministas do século XVIII que, sendo certo terem Aristóteles e Horácio descoberto as imutáveis leis do Teatro e tendo Boileau as codificado, seria perder tempo estudar e atribuir algum valor mais permanente às formas e convenções nutridas por povos menos ilustrados. É, pois, uma certa curiosidade por uma humanidade estranha, um certo enfado pelas preciosidades usuais do refinamento rococó e uma certa busca do bizarro que marcam o cultivo das *chinoiseries*, *japoneries* e requintes hinduístas e persas, impregnando, inclusive, os testemunhos transmitidos por missionários e viajantes, muitas vezes com o intuito autêntico de oferecer quadros e levantamentos objetivos e científicos.

---

1. *Apud* L. C. Pronko, *Teatro: Leste & Oeste*, São Paulo, Perspectiva, 1986, p. 36.

E ainda no século XIX, quando por certo se verifica uma grande ampliação dos horizontes do conhecimento e da sensibilidade cultural e antropológica do mundo ocidental, o romantismo, por exemplo, que tem bom uso para todas as *delikatessen* exóticas, seja as do bom selvagem iroquês ou dos orientalismos de todas as fantasias, não vai deslocar de muito aquela ideia sobre a nascente da arte do teatro e a tradição que cingiu a sua natureza a essa singular origem. Vemo-la emergir, intacta, até em *O Nascimento da Tragédia*, de Nietzsche, pelo papel que o grande crítico alemão da cultura racionalista do Ocidente reserva a Apolo na moldagem da tragédia. Não a modificaram nem o incremento das traduções de peças representativas dos repertórios asiáticos, nem os conhecimentos mais extensos que começavam a difundir-se acerca da extraordinária riqueza do teatro e da dança no Japão e na Indonésia, conhecimentos que evidenciavam elaborações estéticas da linguagem dramática e cênica da mais alta envergadura formal e estilística; nem a copiosa messe etnográfica que desvendava ao olhar artístico e crítico do Ocidente as celebrações que, ao bater dos tantãs, em cada clareira escondida das florestas tropicais ou em cada ilha perdida do Pacífico, desfiavam o relato ritual e espetacular de sua relação com os seus espíritos, os seus ídolos, os seus manes, isto é, com as representações e cristalizações de suas culturas.

Na verdade, só no século XX, com as terríveis e fantásticas transformações de que ele foi cenário, passa a tomar corpo uma nova leitura, uma nova interpretação e uma nova visão, pelo menos em sua orientação essencial, a respeito desses fenômenos. A sua óptica mais policêntrica, por reivindicação ou imposição, permitiu ampliar e tornar mais orgânicas as análises e explicações sobre a natureza das sociedades ditas "primitivas" e "históricas", e de seus modos de fazer e pensar, de falar e exprimir-se. Especialmente esclarecedora foi, como consequência, a luz que se lançou sobre os processos de gênese e estruturação da linguagem, dos mitos e dos ritos, de seus simbolismos e significações, nas representações das artes.

Tal enfoque não poderia deixar de incidir também sobre o teatro. Assim, tornou-se visível que o espectro de suas operações criativas ia muito além dos padrões consagrados, principalmente por qualificações literárias do texto. A exposição mais precisa e sistemática das variedades dramático-espetaculares da expressão ritual e religiosa, bem como o resgate dos gêneros populares e dos tablados marginais ao palco oficial e cultivado – gêneros cuja vitalidade lúdica e representacional se mostrou fecundante em toda a história do teatro – ressaltaram a multiformidade do processo de teatralização e a riqueza de sua tessitura de inter-relações e cruzamentos semióticos e estéticos. Isso, como era inevitável, levou ao reconhecimento da existência de uma diversificada, mas intrínseca capacidade potencial de enformar e formalizar em metamorfoses teatrais a apresentação pública das vivências dos homens e das experiências dos grupos. Máscaras e personagens, ornamentos e vestuários, espaços e cenários, danças e cantos, gestos e palavras são coletados e estruturados, justamente através da pluralidade de seus meios e estratos de origem, ao longo de um eixo de produção simbólica e ficcional que fala de uma criativa e ramificada atividade representificadora do imaginário. Formas e funções se contrapõem em manifestações particulares, mas se justapõem em estruturas essenciais – as da articulação dramática e teatral. Esta surge, por toda parte, como necessidade *sui generis* do processamento cultural humano. Daí por que ela pode se apresentar, como de fato se apresenta, ao que tudo indica, em plenitude, na Grécia, na China, no Japão ou em Bali; ou sob formas teatralmente menos completas ou voltadas para outros fins, onde quer que se instalem o espaço e o tempo do homem.

Paralelamente a essa constatação, começa a delinear-se na outra ponta do trabalho com a linguagem do teatro, a que se elabora pela via culta, isto é, da cena literário-dramática e das pesquisas artísticas, uma renovação e, talvez mais ainda, uma revolução nos conceitos que embasam a produção para o palco. Não se trata apenas de uma questão de vanguardismos e de invenções arrojadas, mas de um conjunto de explorações e reformulações filosóficas e críticas que permitiram detectar no substrato do fértil e polimorfo curso da arte teatral no Ocidente e no Oriente a presença de elementos e fatores comuns e, o que é mais importante, a ação de uma espécie de operador estético fundamental, responsável, nos vários graus e modalidades, pela modelagem da matéria cênica: a teatralidade.

Para tanto concorrem concepções como as do "instinto teatral" de Evrêinov ou as da "alquimia do teatro" de Artaud, conjugadas com as pesquisas dos esteticismos simbolistas à la Gordon Craig, dos funcionalismos construtivistas à la Meierhold, dos naturalismos e organicismos à la Stanislávski ou das linguagens do Nô, do Kabuki, do Khatakali e da Ópera de Pequim que vêm marcando as correntes da encenação contemporânea – de Grotóvski e do Living Theater, de Peter Brook e T. Kantor até Bob Wilson, Pina Bausch e o teatro antropológico de Eugênio Barba ou, no Brasil, as "embalagens" de Antunes Filho e as "filtragens" de Gerald Thomas, para citar alguns. Incorporando as descobertas representacionais no plano da *physis* e da *psyché*, da mentalidade coletiva e da subjetividade individual, em termos de invenção e sistematização dramático-cênicas, propondo o seu reprocessamento em novas matrizes imagísticas e estilísticas, em novas simbioses de gêneros e procedimentos, redimensionando as relações de valor dos códigos teatrais e, nelas, as relações de prevalência entre *logos* e *mýthos*, tais formulações foram, a par de sua significação nos movimentos e nas correntes artísticas a que se prendem, outros tantos agentes dessa nova e expandida percepção de teatro.

É claro que esse modo de ver estava embutido, desde longa data, na maneira como certos autores, intérpretes, diretores e críticos encaravam os fundamentos de seu trabalho. Mas agora, em nosso século, ele se faz explícito, não apenas em poéticas do drama e do teatro ou nos tratamentos dispensados a espetáculos por encenadores, atores e cenógrafos, mas também como teorizações objetivadas e definições críticas repetidamente utilizadas como parâmetros na apreciação de realizações da arte cênica. Poder-se-á talvez afirmar, sem querer incorrer em uma dialética progressiva da história das formas e dos processamentos da expressão teatral, que se está aqui às voltas com um grau mais alto de consciência do teatro enquanto manifestação não reservada exclusivamente às chamadas culturas avançadas e aos seus padrões, ditos artísticos, de suas elites dominantes. Um possível efeito dessa compreensão encontra-se na incorporação polimórfica de elementos que caracterizam o experimentalismo contemporâneo no palco e que os transcodifica numa sincronia criativa da teatralidade.

* * *

Até aqui, a nossa tentativa foi a de cartografar em linhas gerais o relevo da questão do teatro no espaço e no tempo históricos, não só nas cotas do código culto. É patente que a maneira de enfocar o objeto privilegiou a face externa do fenômeno, aquela que se desvela imediatamente, pela frequência e amplitude, nos registros tanto da tradição, quanto da inovação. Mas, talvez, a essa altura, caiba perguntar: será ela a única feição, esgotando-se, com a sua captação, a essência do constitutivo e do apresentativo no palco das elaborações do teatral?

Como tudo no teatro, é fora de dúvida que, mais uma vez, ele se projeta através de um "duplo". Desenvolvido basicamente pela duplicação do ser humano pelo ator, do espaço físico pela cena, da trama da vida pela trama do drama, o sentido primordial de seu esforço é dar visibilidade ao invisível, expô-lo como máscara e encarnação; assim, a exteriorização – os elementos, as moldagens e as ações que a tecem – é a sua anteface pública. Mas ela só pode existir, pela sua própria natureza projetiva, por uma relação orgânica e, no entanto, não poucas vezes opositiva, com sua "outra face": a interioridade.

Interioridade evidente pelo que o teatro traz daquilo que se denomina alma, sentimento, emoções, sensações, experiências íntimas, vivências e *páthos* de seu agente-paciente, as quais assumem as funções e as nomeações de personagens e situações, quadros e atos, ações e fluxos dramáticos. Mas, a esses portadores do psiquismo humano, os mais óbvios da elaboração interna da dramatização e da teatralização, é preciso acoplar dois outros: um é o que se apresenta no imaginário como operador necessário do desenho mimético ou transfigurativo das representações – este no seu aspecto copiativo e reprodutivo chegou a ser considerado, enquanto mero poder de imitação, como o principal responsável pelas artes de representação e, em especial, a dramático--cênica –; e o outro, que possibilita o primeiro e, quiçá, tudo o mais no teatro, é o que, no âmbito da imaginação, dá lugar ao próprio espaço e ao próprio ato representacionais, que nascem do poder inerente do eu psíquico e de sua atribuição epistemológica de desdobrar-se, abrir-se e objetivar-se dentro de si para algo mais, um sujeito ou objeto que está além ou aquém e, apesar disso, dentro do *self*.

Com isso alcançamos um ponto nodal do problema da representação em geral e daquela que é específica da configuração espetacular e teatral em todo o continente de sua ocorrência como tal.

Na verdade, quer nos parecer que não fosse o segundo dos dois últimos portadores acima apontados, ou seja, a faculdade imaginativa e a arquitetura da mente humana, em cuja economia de produção essa se inscreve, seria impossível pensar-se, inventar-se e tampouco materializar-se uma arte do teatro. Nela e na sua atuação residem as fontes matriciais da cena, com todos os seus procedimentos – é certo que "da cena" e de todo o restante daquilo que caracteriza o homem; é certo também que sua possibilidade é fundada igualmente pela aptidão de nosso cérebro para simbolizar e para criar linguagens significantes. Mas não se acha tal capacidade íntima e intrinsecamente ligada, em estreita interdependência funcional, com a primeira? O poder de distanciar-se para conhecer e utilizar não é o mesmo que suscita e gera, desde as representações mais abstratas da matemática e da música, até as reapresentações ou representificações mais concretas nos rituais, nas artes e sobretudo no teatro, em termos emblemáticos ou simbólicos?

Se assim for, e é o que se nos afigura, perguntar pela origem do teatro é o mesmo que perguntar pela origem do pensamento, da linguagem e da cultura na criatura e na sociedade humanas. O penhor de sua expressão é o próprio homem, pois a ideia de teatro é, nele, o próprio teatro da ideia. Um e outro estão copresentes, coprojetando-se um no outro. Daí a universalidade de sua germinação e manifestação. Ou, para concluir com uma reflexão de Walter Benjamin, que vê no mundo de Kafka "... um teatro do mundo. Para ele, o homem está desde o início no palco"[2].

---

2. W. Benjamin, "Uma Fotografia de Criança", *Obras Escolhidas*, São Paulo, Brasiliense, 1985, p. 150.

2. O Teatro no Gesto

Vale considerar, de início, que o espetáculo teatral se consubstancia em ato pela conjugação, em dado espaço, de três fatores principais – ator, texto e público. O texto tem sido tradicionalmente, sobretudo no teatro dramático de base literária, uma precondição, um dado prévio provido pela literatura, de qualquer realização de um "teatro" em cena. Entretanto, mesmo em termos atuais, isto é, levando em conta as propostas de chegar-se à "peça", ou a uma tessitura qualquer que faça as vezes desta, através e como resultado do próprio processo de criação cênica, pode-se manter o "texto" como fator constituinte da representação teatral. Isso porque, independentemente de como foi elaborado e de seu valor específico no conjunto, a disposição das partes no roteiro a ser seguido, a fixação de traços e esboços ou figuras de personagens e a ordenação dos elementos verbais, dialógicos e ambientais, sempre levarão a um gênero de estrutura e discurso cênicos que terá, esquemática ou plenamente, o caráter de "peça", "texto", ou coisa equivalente, no contexto do espetáculo, colocando-se como seu antecedente, ainda que seja o último elemento a ser definido no processo de produção e por mais aberta que seja a encenação ao entrelaçamento do improviso e do aleatório. Assim, é possível afirmar em todos os nexos que, da união entre o ator e o texto, nasce a personagem, a máscara assumida pelo intérprete. O corpo do comediante investido do papel estabelece por si um espaço cênico, mesmo quando em grau zero cenográfico, isto é, em tablado nu ou num simples lugar qualquer de um desempenho. Este, por outro lado, na proporção em que produz a máscara e concretiza a metamorfose do ator em personagem, incorpora de certa forma, se não a totalidade, no mínimo partes vitais do trabalho do diretor, sendo possível ver, sobretudo no palco dramático, a interpretação do ator como o órgão principal da realização do encenador. Assim, a máscara encarnada converte-se no elemento central do teatro, aquele que o diferencia de outras modalidades de comunicação artística e interpessoal. A segunda relação importante no espetáculo é a do ator com o público. Fundada na presença física de ambos, emissor e destinatário, gera a especificidade da comunicação teatral, que é a da informação "quente", ao vivo, num comércio direto, corpóreo e sensível entre a veiculação e a captação. Em consequência, a plateia, longe de ser receptora passiva, exerce, necessariamente, um efeito sobre o resultado do desempenho, realimentando-o de alguma maneira no ato de captação, segundo uma escala variável do que se chama participação – a qual depende naturalmente do tipo de envolvimento solicitado e da resposta que lhe é dada – e enriquecendo ou mesmo empobrecendo o produto cênico final e a própria linguagem em que é apresentado.

Sob um outro ângulo, considerando-se apenas o que sucede no palco como tal, dever-se-ia ainda atentar para duas funções igualmente necessárias à configuração do universo cênico: *a concreção mimética* e *a articulação significativa*. A primeira é indispensável para que o tipo de ilusão artística peculiar ao teatro possa ser constituído e apreendido em sua especificidade. Pois, sem as pontes fornecidas pelas similitudes, estabelecendo pontos de contato e relacionamento com o mundo real, (re)-produzindo-o no tablado pela reprojeção de esquemas significativos, não se poderia operar a percepção imediata da ficção teatral sob a forma de re-presentação, isto é, de "re-presentificação" ou, talvez, para ser mais preciso, de "presentificação" pura e simples, na medida em que o prefixo "re" é signo não de uma duplicação efetiva, porém de uma atividade criativa e singular através de uma reapresentação de esquematismos familiares, preenchidos pelo processo artístico e dramático em dois momentos distintos: o da encenação como concepção e composição do conjunto do espetáculo e o da atuação como atualização e efetivação, aqui e agora, da obra. A arte cênica, entretanto, não fica nesse primeiro movimento[1]. O teatro, por si só, enquanto arte, já implica, como princípio e como regra de sua produção, que todo elemento colocado em sua moldura adquira imediatamente um *caráter simbólico* em relação a si mesmo ou àquilo a que se refere. Assim, uma cadeira qualquer, no palco, será *a* cadeira daquela peça ou cena

---

1. Embora ele seja fundante, mesmo quando se plasmam espetáculos teatrais em que o poético, o fantástico, o absurdo, o abstrato, nas mais diversas combinações, parecem escapar a todo paralelo ou modelo mimético na realidade imediatamente observável.

determinada, revestindo-se o móvel real de seu "papel" no universo ficcional em exposição. Do mesmo modo, todo gesto esboçado nesse contexto e a seu serviço perderá sempre o caráter sintomático com que geralmente a expressão gestual se apresenta no cotidiano[2] e que pode mesmo estar intimamente associado com o gesto feito em cena[3]. Ora, na proporção em que o gesto está ligado ao corpo do ator e é, ao lado da palavra, uma das principais vias pelas quais se concretiza a metamorfose deste em personagem e, por seu intermédio, de tudo o que está no palco, em atualidade dramática e *gestus* teatral, pode-se afirmar que é uma das grandes fontes de signos no teatro. E por sua natureza não se trata apenas de signos icônicos que resultam pronta e organicamente da ação atoral. Combinado com outros elementos ou representando-os, assumirá características das mais diversas, simbólicas, icônicas, indiciais etc., – para empregar aqui de um modo simplificado as classificações sígnicas de Peirce – integrando-se na articulação de uma linguagem convencional, artística, poética, teatral, portanto de forte teor conotativo, a partir do embasamento natural, tridimensional, do ator e seu espaço[4].

Assim sendo, compreende-se que, se o caminho de uma linguagem cênica inovadora está diretamente vinculado à capacidade de inventar, grupar, fazer interagir signos provenientes dos vários meios produtores que se conjugam para constituir uma articulação cênica significativa, não é possível privilegiar, nesse processo de criação sígnica, a função da palavra dramatúrgica e poética (texto) ou a concepção diretorial com toda a sua importância projetiva, mediadora e totalizadora (encenação) em detrimento do gesto do chamado "intérprete" (desempenho). Na verdade, ele, o ator, é mais do que isso, pois é um legítimo cocriador do teatro em ato e, através dele, pelo mecanismo já explicado, o público também o é.

---

2. É claro que o gesto, em seu modo de ser corriqueiro, não se reduz unicamente à categoria de sinal e sintoma, tendo numerosos e constantes empregos simbólicos.

3. Essa associação não é, entretanto, condição *sine qua non* do gesto interpretativo, como pretendem certos realismos extremados.

4. O jogo do ator é uma sempre renovada tentativa de negar aquilo que ele deveria denotar na compacidade do "eu-mesmo"-no-próprio-corpo-neste-lugar e substituí-lo magicamente pela denotação do "outro"-no-corpo-dele-no-seu-lugar.

3. Diálogos sobre a Natureza do Teatro

A TRÍADE ESSENCIAL: TEXTO, ATOR E PÚBLICO

I

Professor – Para que o teatro dramático exista, são necessários três elementos operativos que podemos chamar de "tríade essencial": o texto, o ator e o público. Isto é fundamental.

– Com relação à definição de texto, é importante não encará-lo num sentido muito estrito e tradicional, encerrando-o em cânones literário-dramáticos; deve-se tentar sempre compreender aportes novos neste campo e ver em que medida estão ou não relacionados a formas de linguagem e estruturas de composição anteriores, analisando qual o seu efetivo grau de novidade e, sobretudo, sua pertinência ao âmbito em que pretendem atuar, porque muitas vezes o que ocorre é que o novo oculta o seu relacionamento intrínseco com os padrões textuais já estabelecidos. Determinados tipos de teatralização chegaram a ser considerados inconsistentes ou inviáveis por não atenderem a paradigmas e leis julgadas essenciais em termos da dramaturgia convencional. Acredito que isso tenha trazido, em reação, sobretudo em épocas mais recentes, uma descaracterização do que seja texto no teatro. De fato, o teatro não é um mero "fazer" ou um "evento" aleatório que acontece, simplesmente – não é "qualquer coisa" que é teatro. Se nós o caracterizarmos como algo que se produz a partir do momento em que se tem a intenção de fazê-lo, tal proposta-intenção será básica, mas em si não perfaz ainda *o teatro*. Pois, este é um ser que se constitui, tem funções, expressão material, enfim, uma realização concreta e específica. Fica claro, portanto, que a intenção é o ponto de partida para o trabalho, mas como tal não basta para ser identificada como teatro.

– Sob esse prisma e sendo o teatro o produto de um processo de construção, o texto tem sido considerado como esse ponto inicial. E assim é, mesmo quando não se respeitam os cânones do que conhecemos costumeiramente como texto dramático. A *performance*, por exemplo, se a tomarmos segundo as suas feições mais recentes, apresenta uma organização, utiliza expressões, palavras, recursos e desenvolvimentos que são típicos de uma textualização dramatúrgica, isto é, sempre funcionarão como um dado textual, independentemente do papel que desempenhem em sua economia dramática as sínteses plásticas em imagens e os componentes sonoros. Há, naturalmente, a questão do *happening*, que se coloca numa área-limite; ainda neste caso, é possível discutir se os signos emitidos não sofreriam um tipo de realização de caráter textualizante. Sem dúvida, a *performance* constitui-se realmente numa *montagem* de elementos e códigos, onde é perfeitamente possível conceber-se a existência de um "texto" ou de um "pré-texto". Evidentemente, embora desencadeado sempre por um "pretexto", o *happening* possui uma natureza singular, dado o alto grau de indeterminação e improvisação das ações e dos actantes que o produzem. Mas toda manifestação, todo evento em que o "repetir" e o "repetir-se" intervenham, isto é, nos quais se assinalem armações prévias e procedimentos reapresentados, mesmo que acolchoados pela palavra "projeto", desenvolvem-se segundo um desígnio e uma ordem referidos a alguma espécie de textualidade. Creio que, sob semelhante óptica, até os rituais mais primitivos dispõem, por seus simbolismos e sequenciamento, de um "texto" implícito, passível de leitura. É claro que, antes de tudo, cumpre discutir se efetivamente é possível denominar esses fenômenos de *teatro*. Tais "espetáculos" têm, por certo, elementos teatrais. Mas seria cabível dar o nome de *teatro* à apresentação de um prestidigitador, por exemplo? Da mesma maneira, posso estender a pergunta a outras modalidades peculiares de exibição espetacular.

PRISCO – Sob este ponto de vista é possível pensar que de alguma maneira também existe algo de teatral na música. Para começar, ela possui uma escrita. E em sua apresentação, quando tocada por uma orquestra, há algo de "teatral", além de, é claro, tudo o que pode ser levado em consideração atualmente com respeito à atuação do músico e da questão do "musical", que, deliberadamente, se utiliza de elementos cênicos. Acho mesmo que na execução da música existe expressão teatral. Isto se comprova pelo menos na música popular, onde o improviso tem peso teatral.

Professor – Perfeitamente, ou seja, há teatralização quando determinadas funções são ativadas. Quando um músico assume em público o papel de "músico" e pretende comunicar, além do conteúdo de sua execução, a sua característica de *músico*, a sua "interpretação", de fato a sua atuação adquire uma feição teatral, e é claro que quanto mais ele a acentuar, mais teatralmente estará se desempenhando.

Valdir – Geralmente Arthur Moreira Lima é considerado bastante "teatral", pelo jogo cênico que realiza ao tocar.

Professor – Sim, porque ele procura transmitir a execução com recurso a um outro meio, além do estritamente musical.

Marli – O Arrigo Barnabé também!

Valdir – É verdade, mas no caso do Arrigo isso é proposital.

Prisco – Eu concordo. Mas acho que há algo de teatral anterior a tudo isso, ao próprio fato de um músico aproveitar-se de uma postura desengonçada ao tocar, criando uma atmosfera teatral... Acredito que, mesmo que ele toque "quieto", no ato de interpretar a música já existe alguma coisa teatral, digo *interpretar* no sentido de *tirar* notas musicais, *dar vida* a signos.

Professor – De fato, se o executante tiver esse dom especial no seu modo de tocar estará combinando duas coisas: o elemento gestual e o básico, no caso, o musical. Pode haver na execução maior ou menor expressão "géstica", mas a mera intenção gestual nos coloca diante do teatral, pois nela já reside o intuito de desempenhar o papel de "músico". É claro que este propósito não se apresenta de um modo deliberado. Mas, deliberado ou não, caracteriza-se aí um elemento *teatralizante*. O mágico também poderá acentuar ou não este fator. Em geral ele o faz, uma vez que o próprio objetivo de seu trabalho – o de apresentar-se – inscreve-o nessa moldura e, principalmente, os atos e procedimentos a que recorra para realizar e comunicar a sua mágica. Quer dizer que os atos e os recursos necessários à operação mágica são acrescidos de um segundo sistema de signos e ações, sistema este ligado à assunção de um papel. De maneira semelhante, quando saio de casa e vou ao meu escritório, assumo uma determinada postura e adoto uma série de gestos que, eventualmente, podem ter uma certa relevância por serem específicos a um determinado espaço e momento. É claro que não podem ser definidos como gestos teatrais, mas, de outra parte, um chefe de escritório pode tomar diante de seus subordinados uma postura particular, ligada à sua condição de chefia e que talvez nada tenha a ver com o que ele sente de fato.

– Vemos que também nesses casos há graus de variação: quando alguém está exaltado, pode envolver-se numa briga, mas também conter-se ou reagir friamente. Isso já confere aos gestos uma deliberação que os tornam mais próximos daquilo que chamamos *teatral*.

– Pelo que temos visto, as finalidades dramáticas podem ser mais ou menos enfatizadas. Assim, sem dúvida, existe algo que aponta e caracteriza o elemento teatral. Se esse elemento é muito mais amplo e ocorre com maior frequência do que comumente se supõe, não quer dizer que não haja uma especificidade – que *tudo seja teatro*; o que, inclusive, parece constituir o perigo de certas formas de abordagem do problema teatral. É claro que o teatro é *ato*, mas é um *ato intencional*. Um ato pode estar dotado de qualidades teatrais, mas de qualidades que tornam adjetiva, e não substantiva, a *teatralidade*. Desta forma, cabe ao criador teatral aproveitar as capacidades do universo teatralmente adjetivo para enriquecer a substantividade teatral. As novas leituras e reações da arte teatral procuram fazê-lo. Assim, em vez de um conjunto fechado de elementos operativos, com regras bem definidas, é possível ter-se enfoques mais abertos e distintos, com igual factibilidade criativa. Se insistíssemos em ficar sempre no mesmo ponto, estaríamos limitados, nas várias acepções do termo, a *imitar* – esta, aliás, era a proposta de certa época, em que se imitavam as obras tidas como perfeitas, isto é, "belas", a fim de efetuar uma "aproximação" a um certo modelo tido como ideal. Apesar de pertencer ao passado, esse modo de ver não deixa de ser importante também para nos ajudar a compreender o que distingue e caracteriza efetivamente o teatro, o que faz com que um conjunto de funções postas a atuar de uma certa maneira se torne, ou não, teatral. Assim sendo, quando encontramos elementos teatrais numa série de coisas-eventos em toda a nossa vida, isso não é de surpreender. Seria surpreendente se o teatro existisse sem que tais coisas existissem de fato na vida: o teatro pertenceria a uma esfera inteiramente extraterrena. Temos, sim, que nos surpreender com o momento em que o fenômeno passa a ser definidamente teatral, senão poderíamos dizer simplesmente que "tudo é tudo".

II

Professor – A *intenção* de atuar e a *assunção da máscara* instauram, necessariamente, o espaço teatral – porque o corpo do sujeito dessas ações é um corpo *no espaço*. Assim, no momento em que alguém assume um papel, estabelece um espaço que, já pela intenção do agente, é cênico. Se este é adequado ou não, se está ou não preparado para receber o ator e seu desempenho, isto não importa no caso, pois não interfere no fato de que o atuante, com a sua corporeidade, instaura de um modo automático o espaço da ação.

Marli – Portanto, isto acontece *sobre o tablado?*

Professor – Não apenas nele, pode acontecer até aqui e agora. Se em determinado momento me der na veneta e ficar com vontade de fazer uma brincadeira com vocês, deixando de lado o acordo tácito existente entre nós, segundo o qual o fato de eu ser professor dispensa maiores reafirmações sígnicas e eu resolver ressaltar a minha figura com intuito teatral, começando a "interpretar" o meu papel, estabelecer-se-á imediatamente uma linha entre nós, pela qual eu me constituirei em intérprete – em ator – e vocês, se entrarem no jogo teatral comigo, constituir-se-ão em plateia; assim, o espaço dramático definido pela divisória entre ator e público não é a linha estabelecida materialmente em um teatro convencional, ou uma construção ou um espaço qualquer, porém aquela que se instaura num fenômeno dado aqui e agora, numa relação ao vivo. Eu me constituo em ator, porque o meu ato adquire uma característica pela qual *vocês* me constituem em ator, através de uma deliberação minha que é aceita e/ou compreendida por vocês. Mesmo quando se diz a uma pessoa: "Fulano, deixe de fazer teatro", é claro que houve de sua parte algum modo de atuação intencional, pois se captou no gesto dele (ou se lhe atribuiu) algo pelo qual esta pessoa assumiu um certo papel teatral; neste caso, todavia, essa deliberação pode não ter sido total ou inteiramente consciente, mas simplesmente um gesto que teve um "recorte" especial, um "relevo" qualquer, que se destacou no fluxo dos outros gestos e das palavras proferidas.

– Desta forma, vemos que até com a ausência de qualquer área de jogo teatral preestabelecida, para não falar de um palco em grau zero cenográfico ou de um desempenho despido de toda parafernália da caracterização, pode ocorrer a manifestação do teatro. Daí por que não há impedimento em realizá-lo em praça pública, na rua ou em qualquer sítio, como ninguém ignora. Nestas condições, não é verdade que se possa fazer teatro apenas num lugar especialmente preparado, embora muitas vezes um local assim propicie condições bem mais adequadas para se alcançarem os objetivos que a arte dramática se propõe.

MARLI – O senhor já se referiu algumas vezes à ideia de um "reflexo", ou seja, que só existe o ator quando existe a plateia. Então, o ator existe sem personagens, mas não existe sem público?

PROFESSOR – Trata-se de uma relação constituinte e não creio que se possa considerá-la um puro "reflexo". Não há nenhum automatismo instituidor da situação actancial. Assim, em sua identidade civil, é evidente que fulano, ator por profissão, sempre existe como tal enquanto lhe aprouver e viver, incorpore ou não uma personagem. Em sua qualidade dramática, porém, essa condição começa a revesti-lo desde o momento em que surge em seu íntimo a *intenção* de desenvolver alguma ação de natureza *teatral*, pois a mera intenção já envolve muita coisa; envolve, no mínimo, o *projeto* de suspender, por pouco que seja, o fluxo do *aparecer* civil e corriqueiro de seu *ser* e produzir com ele, deliberadamente, por invocação, duplicação e invenção, signos verbais e gestuais atualizados aqui e agora que o façam *parecer ser*, qualquer que seja o objeto de sua intenção, inclusive ele mesmo. É claro que este seu propósito só se consubstanciará efetivamente na representação, cujas ações constituintes o instituirão como ator perante alguém que o esteja vendo e perante si próprio, uma vez que de algum modo não pode deixar de ver-se.

– Por outro lado, isso corresponde ao fato de que o executante só é ator na medida em que é ao mesmo tempo espectador (a contrapartida também é verdadeira, como se verá), estando como tal não apenas fora, mas também dentro dele. Pois, para que possa atuar, realizando atos intencionais de execução, precisa concomitantemente, em seu agir, imaginar (vale falar, representar e projetar), entender e administrar o que "performa", ou seja, envolver-se e distanciar-se, no mesmo lance, no jogo de seus atos. Quer dizer, o intérprete necessita, com alguma vista ou vislumbre interior, "vê-los", "representá-los" e, com este viés, "refleti-los".

– Como consequência, cabe inferir que o crítico também está, de uma certa maneira, presente no ator. Pois o que é o crítico senão um espectador diferenciado, supostamente especializado, cuja distinção, em face dos demais, decorreria não só do exercício de uma certa atividade, mas também do fato de dispor de instrumentos e conhecimentos requeridos para apreciar e julgar a obra teatral? Por outro lado, o seu modo de fazê-lo, de conhecer e avaliar o seu objeto, provém de uma recepção e uma análise que, por sua natureza crítica, demanda uma certa distância, por mais envolvido que esteja, um ângulo de "visão" objetivante. Nesse sentido, o ator está condenado, em princípio, a sofrer algum prejuízo crítico, na medida em que pode imaginar-se, mas não pode contemplar-se totalmente. Ainda assim, é indubitável que ele se mantém consciente daquilo que faz enquanto o faz e do que daí resulta, porquanto o seu próprio esquema corporal o leva a percepções que lhe permitem coordenar e dirigir seus gestos, assim como ter a noção de que "isto está correto" e "aquilo está errado", por exemplo.

III

PROFESSOR – Como remate de nossa indagação sobre o estatuto do ator e das condições em que ele é instituído em sua função teatral, cabe dizer, pois, como consta de meu trabalho sobre "O Teatro no Gesto"[1], que o comediante, na medida em que concretiza a metamorfose do ator em personagem, incorpora de certa forma, se não a totalidade, no mínimo partes vitais do trabalho do diretor, sendo possível ver, no palco dramático, a interpretação do ator como órgão principal da realização do encenador. Assim, ainda que este deva lançar mão também de outros actantes cênicos para materializar sua arte encenante em obra representada, a máscara encarnada no intérprete, produto de sua relação com o papel, converte-se no elemento central do teatro, aquele que o diferencia de outras modalidades de comunicação artística

---

1. Vide acima, p. 9.

e intelectual. A segunda relação importante no espetáculo é a do ator com o público.

NOÊMIA – "Máscara encarnada" possui o mesmo sentido que "personagem"?

PROFESSOR – Em média, sim. Mas é claro que, no teatro especificamente, sem se falar da literatura em geral e da dupla leitura do texto dramático, isto é, a literária e a teatral, o conceito "personagem" pode ser objeto de uma discussão *por si*. De qualquer maneira, no nosso caso este sempre supõe a presença de uma *persona*, ou seja, de uma máscara e de um corpo que vai assumi-la e ao qual irá revestir como "outro" em relação ao "eu" do ator, por delegação estética. Em rituais, sem propósito estético-teatral, o seu potencial artístico não é explorado com tal finalidade, ao contrário do que ocorre no palco. E neste sentido, a concreção de uma máscara em cena importa na de uma personagem, com suas condições de contorno, isto é, na materialização de um ser ficcional deliberadamente criado para desempenhar tal função dramática, que se encarna ao vivo, sem mediação de um veículo "frio", como sucede no cinema e na tevê, no corpo do ator e corporifica *em ato* o fenômeno teatral.

IV

PROFESSOR – Tendo examinado o texto e o intérprete quanto ao seu modo de ser e o de suas relações, podemos voltar-nos agora para o público em face do teatro em ato. É uma situação que se define por um relacionamento peculiar, pois se trata quase de um "comércio" ao vivo.

NOÊMIA – Mas tal relação pode ou não se estabelecer...

PROFESSOR – De fato, embora ao vivo, ela pode ser mais ou menos ativa. É claro que a passividade total inexiste. Ainda que algum espectador na plateia esteja pensando em outra coisa, ele está presente ao espetáculo e isso conta obrigatoriamente na economia não só da recepção como, igualmente, da emissão da representação, ou seja, da criação incorporadora que está em processamento no tablado. É fato conhecido que sua presença influi na ação do intérprete e pode até perturbá-la, tanto em virtude de eventuais reações coletivas quanto de uma dinâmica particular que venha a desencadear-se entre o comediante e alguém da plateia. Assim, se o ator estiver representando e um espectador agir de forma a atrapalhá-lo, o intérprete poderá deixar cair a máscara, sair de seu papel e responder civilmente... partindo para a briga, como já se viu...

MARLI – Mas, com respeito ao ator, anteriormente a esta reação emotiva, a sua simples presença também já ocupou um espaço em cena...

PROFESSOR – É claro. A sua simples presença estabelece uma relação dele consigo mesmo, de sua pessoa física com um possível desempenho, isto é, uma pessoa ficcional, uma *persona*. É uma virtualidade sua, inerente à sua qualidade de ator, que se apresenta como tal e que o trabalho de atuação, à medida que for se presentificando na representação, poderá ou, antes, deverá converter em realidade dramática. Desde o início, portanto, haja ou não público na plateia ou alguém constituído em espectador por uma situação momentânea ou casual, a presença de um comediante no palco, mesmo sem uma execução interpretativa, mas sob fiança da promessa de intenção, inaugura um fato comunicacional de natureza teatral. Esse processo constitutivo da relação, focalizado na figura do ator individualmente, não muda de caráter com o número de desempenhantes, embora se torne, sem dúvida, mais complexo, e a dinâmica do fenômeno em grupo pode levar até ao esbatimento ou anulação de sua percepção individualizada.

NORMA – Quando coloquei a questão, eu queria ir um pouco mais além. A meu ver, há dois tipos de espectador: aquele que consegue decodificar os elementos que estão no palco, que consegue não apenas assimilar, mas também avaliar aquilo que está sendo apresentado, e há o espectador que em determinado momento é apenas um observador, que parece não apreender o significado de cada elemento. Isto também se constitui numa relação?

PROFESSOR – Sim, porque esta também é uma forma de relacionar-se com o que está acontecendo no palco. A caracterização de atitude que você propôs é correta *grosso modo*, mas em um e outro caso o ato teatral está em pleno processamento. Veja bem, estamos examinando aqui apenas algumas inter-relações *básicas* que se estabelecem nesta ocorrência, que poderá suscitar, sem dúvida, diferentes graus de envolvimento, desde um máximo até o zero de uma escala, por assim dizer. Porém, inclusive em seu nível mínimo, a dinâmica desta inter-relação, fundada sempre pela copresença – ator/espectador –, não é suprimida e, mesmo que assuma uma eventual aparência de passividade, ela se encontra na verdade em "ponto morto", num momento dialético de passagem.

– De outra parte, sabe-se que, no comércio do ator com o público, a indiferença, o desinteresse, a participação, o embevecimento etc. são de um para o outro comunicados imediatamente, fluem de modo subliminar. O fenômeno, é claro, não se restringe ao teatro. Até eu, no lugar e na condição em que me encontro agora, olhando para vocês – numa situação não teatral – sinto de pronto, sem deliberação prévia de minha parte, o grau de envolvimento de vocês com aquilo que estou dizendo. Imaginem o ator no palco... muito mais! Ele está aí tão "aceso" na recepção quanto na emissão.

VALDIR – Isso fica bem perceptível quando o público varia, por exemplo, quanto à classe social. As reações são bastante diferenciadas.

PROFESSOR – De fato, e a variação não se esgota em seu aspecto sociológico. Repare que não é só o intérprete que se desempenha bem ou mal, com adequação ou inadequação. A plateia também. Isso pode parecer paradoxal, uma vez que o papel atribuído ao espectador segundo o modo habitual de se conceber a operação teatral é puramente passivo. Supõe-se que, ao se predispor a assistir a uma peça, o público deva não mais do que *localizar-se* corporalmente em dado ponto do espaço onde o "teatro" terá lugar e, nele, *comportar-se* de um certo modo, seja na condição grupal seja na individual, a fim de poder dar conta de um compromisso operacional tacitamente assumido à entrada, que é o de pactuar, numa postura de entrega, com a atualização de um jogo de faz-de-conta. A presença do espectador é vista, portanto, como a de uma presença passivamente à disposição do que a emissão cênica tem a lhe oferecer. Ele conta muito como um observador, um apreciador, que acolhe ou não o que lhe é endereçado e nada mais. Nisto se resume, segundo este tipo de análise, o seu processo de recepção da obra. Visto como totalmente acabado ao ser desencadeado em sua origem, o complexo fenômeno pelo qual se torna realidade e "forma" interior do receptor e se constitui em objeto *para ele*, não é levado em maior conta estética. É como se ocorresse "no vazio" ou se as imagens e as cargas emotivas, para não falar nas idcias, se limitassem a estampar-se numa cera amorfa. No entanto, se o espectador não puser em andamento a sua aparelhagem não só de percepção e decodificação, mas de reatuação na cena de seu imaginário, com a animação de sua sensibilidade e a organização de sua consciência, isto é, se deixar de projetar, enformar e falar interiormente, se não se tornar locutor daquela linguagem, o diálogo constitutivo inexistirá para ele e a peça tampouco. Vale dizer que, no plano individual e, por seu intermédio e da relação intersubjetiva pela qual se estabelece o plano coletivo, o público também "interpreta" e o seu desempenho poderá ser de boa ou má qualidade, por sua vez. Mas não se trata de pura e simples resposta automática ao que está assistindo. A melhor representação nem sempre engajará uma atuação adequada do espectador ao perfazer os atos de recepção. E é possível que sua falha, dependendo de como ela se manifestar e do efeito que exercer sobre outros membros da plateia, seja de molde a desestabilizar o espetáculo todo, sem que implique em juízo de valor a seu respeito.

Isabel – E se implicar, como no caso do crítico?

Professor – Não creio que este goze de algum estatuto especial no modo de receber a obra teatral. Ainda que sua missão precípua seja precisamente a de formular julgamentos tão objetivos quanto possível sobre a qualidade e o valor artístico dos espetáculos a ele apresentados, não tem como eximir-se do processo acima descrito, justamente porque também é um espectador. Como tal, não importando o grau de instrumentação de que disponha para exercer a sua função de crítico, antes de mais nada terá de executar, como todo o público, as operações que lhe permitam a recepção da obra. Trata-se do primeiro nível de sua apropriação do objeto, mesmo que se lhe mescle toda sorte de intervenções intelectuais e de ajuizamentos. Contudo, é somente no que se poderia denominar de segundo nível, o qual já estava implicado no primeiro, que a apreciação crítica se colocará plenamente em plano específico. Ora, assim sendo, sua análise e suas conclusões estarão também penhoradas ao exercício de desempenho pelo qual a obra dramática se realiza no espírito do espectador que é o crítico.

DUAS FUNÇÕES NECESSÁRIAS: A CONCREÇÃO MIMÉTICA E A ARTICULAÇÃO SIGNIFICATIVA

I

PROFESSOR – Na constituição do que é apresentado na cena teatral, o trabalho de invenção, captação e concretização de figuras, relações e significações, explícitas ou implícitas, nas falas, no tema, no texto ou no discurso, e seja qual for a natureza, a forma e o estilo de expressão pretendidos, fundamenta-se no corpo do ator. Trata-se de uma elaboração nele centrada e a partir dele orientada, mas não no sentido estrito da simples replicação ou reprodução. Ela pode ir muito longe na concreção do abstrato como ideia e forma..

CARMEN – O senhor poderia dar um exemplo para que se possa entender melhor o que vem a ser essa concreção do abstrato?

PROFESSOR – Vou experimentar. Por exemplo: alguém quer representar, digamos, uma dança de corpos e figuras geométricos ou de notas musicais. O que ocorrerá, na verdade, numa ação desse feitio? Quaisquer que sejam os elementos, os movimentos, os recursos plásticos, sonoros e luminosos mobilizados para configurar diretamente a proposta e sugeri-la indiretamente, uma coisa é certa – ela terá de ser concretizada pelos bailarinos ou atores. Somente a partir daquilo que eles fizerem, isto é, "performarem", poderá corporificar-se no palco a outra corporeidade, que não é a deles, mas, sim, a de uma ideia cuja realidade objetiva é abstrata, e que, no entanto, deverá de algum modo, sensível mesmo que ilusório, ser recebida como se fosse concretamente corporal, ou seja, "fisicalizada" no corpo de seus executantes. Este fenômeno é mesmo extensivo a outras artes de representação, como o da tela dos desenhos animados que projeta, por delegação imaginativa de seus criadores e com ajuda de meios técnicos, a movimentação de animais e objetos, às vezes altamente abstratos, cujo esquematismo não impede que sejam vistos como se dotados de gestual humano, embora o corpo vivo do ator esteja ausente.

MARCOS – Agora é que o concreto ficou abstrato, pra mim. Não dá para o senhor chegar mais concretamente no abstrato?...

Professor – Posso tentar. Se eu tiver sorte, como Newton, e uma maçã bater na minha cabeça... Vocês já devem ter visto algum espetáculo de balé ou teatro onde se apresentam coisas bastante desnaturadas a fim de causar efeitos que lhes pareçam fugir da experiência corriqueira. Porém, no fundo da desnaturação encontrar-se-á sempre um dado natural.

William – É o caso do teatro do absurdo, que utiliza uma linguagem extremamente realista como base.

Professor – Ele se torna absurdo por colocar em xeque fatos da realidade tal como ela nos é dada.

William – Só que colocando isso de uma forma completamente real.

Professor – Mas não é somente em função do choque e do contraste, geradores do grotesco, que ocorre tal presença. É possível constatá-la também quando a visada da obra artística é de caráter integrativo e harmônico. Lembro-me de que esse fato chamou minha atenção durante uma apresentação de um grupo de danças modernas, o do Nikolai. Em quase todos os números, a coreografia se caracterizava por seu propósito conceitual. Como se quisessem abstraí-la pelo movimento, a forma corporal dos artistas sumia quase por completo. No entanto, aquelas conformações aparentemente distanciadas, que ora apareciam ora desapareciam, movimentavam-se, por certo, segundo a organização do corpo humano, e só alcançavam sentido em relação a essa organização. Assim, numa das sequências do balé, assistia-se ao solo de um braço que se desempenhava com inteira autonomia e *de repente punha-se a andar sozinho* como se as demais partes do corpo do intérprete não existissem, obliteradas como estavam por hábeis efeitos, entre eles os de luz. Mas, ainda assim, os seus gestos e movimentos só se comunicavam com o espectador, na medida em que ele os decodificava em relação a um corpo dotado de membros e às possibilidades de seu subjacente repertório de ações.

Márcio – Quanto à realização significativa, seria ela a resultante direta da concreção mimética ou de um momento específico do trabalho de construção do papel?

Professor – São dois momentos interdependentes, creio eu. O primeiro é o que acabamos de discutir. Este é o ponto de encaixe a partir do qual se inicia a tradução para a linguagem corporal e, engrenado com ela imediata e necessariamente (mesmo que do ponto de vista analítico se possa distinguir um momento do outro), o concomitante processo de preenchimento sígnico e irradiação significante – o qual adquire aceleração vertiginosa se operado também pela ação verbal, embora não lhe seja adstrito – da ideia, tema, motivo, esquema, situação e personagem cenificados.

Márcio – O senhor parece que deu um salto, da análise das funções para a síntese do resultado.

Professor – Você tem razão, mas não se esqueça de que estamos tentando discernir não tanto o mecanismo de produção, como o produto final integrado, isto é, a resultante da operação pela qual se constituem os componentes e o conjunto totalizado da obra artística que é o espetáculo teatral ou o de outro gênero cênico. (*Alguns bocejos e outros tantos olhares sonados são salvos de seu penar pelo toque redentor da campainha do intervalo. Após as generalizadas contorções e alongamento do espreguiçar-se discente, a sala se esvazia como que por encanto, tornando irresistível a sugestão para que o docente vá também tomar o seu cafezinho...*)

II

Professor – Vamos retomar a nossa discussão sob um ângulo um pouco diferente, já que agora estamos todos com os neurônios academicamente ativados pela beberagem nacional... Como observei, a concreção mimética, a assunção corporal, é indispensável para que o tipo de ilusão peculiar à cena possa ser criado e apreendido em sua especificidade artística. No teatro, mais do que em qualquer outra arte, a própria presença do corpo do ator produz uma comunicação muito mais forte em dados miméticos. Quando digo, apreendido em sua especificidade artística, quero dizer simplesmente que, sem as fontes fornecidas pelas similitudes, pelas analogias, pelas leituras que podem ser feitas estabelecendo pontos de contato e relacionamento, referenciando esse dado real no tablado, pela reprojeção de esquemas significativos, não se poderia operar na plateia a sua percepção imediata. E a ficção teatral tem de ser percebida imediatamente sob a forma de representação, ou seja, de re-apresentação. Pois, o que é essa re-presentação, senão re-presentificar, tornar presentes por atos intencionais e formais de criação, quer dizer, por delegação estética, figuras, imagens, sentimentos, relações e elementos que constituem os seus objetos, reatualizá-los artificialmente por uma assunção corporal, uma concreção mimética, na corporeidade viva do intérprete? Eis um lado da questão. O outro, que está nele embutido, é que no ato teatral a representificação é ao mesmo tempo pura presentificação. Cada ato teatral é intencional, com vistas a um fim, mas, concomitantemente, um ato original e, nesse sentido, um ato de criação, único, inexistente anteriormente, praticado aqui e agora. Alguma dúvida quanto ao caminho que tentei traçar da representação à presentificação?

Raquel – A representificação seria algo na linha de Gordon Craig? Seria mais ou menos o que ele pregou?

Professor – Seria se fosse possível juntar-lhe Stanislávski, fazer uma combinatória dos dois, uma síntese, que tentada na famosa encenação do *Hamlet* no Teatro de Arte de Moscou, mostrou-se inviável, na teoria e na prática. Mas isso não quer dizer que, na realidade da representação, não compareçam elementos que correspondem às posições de um e de outro, atos de formalização e vivência por eles maximizados na sua busca do absoluto na criação teatral. Mas nós, em nossa indagação sobre a operação geradora da ficção dramática, ou seja, do real ilusório no palco, não estamos debatendo suas diferentes concepções. Num plano menos específico, sob o ângulo histórico e estilístico, trata-se aqui de efetuar uma leitura tópica do fazer teatro. Assim, retomando a nossa questão, o projeto do diretor é sempre mais o da representação que presentifica e o do ator é sobretudo o da presentificação que representa. (*O professor já está quase nocaute e, por entre os volteios de seu discurso, começando a preocupar-se com os caminhos a seguir para evitar o congestionamento à saída da Cidade Universitária – e um rápido olhar sobre o grupo o faz sentir intimamente que a classe toda pensa como ele. Mas...*)

III

Sérgio – Sei que a aula está no fim... Mas sem querer atrasar os colegas, e já que o professor presentificou tudo a que tinha direito... eu gostaria de saber se a abordagem feita não resulta numa "ausentificação" do trabalho do diretor?

Professor – Fico feliz porque agora tenho certeza de que você estava presente e não ausente. No entanto, devo lembrá-lo que assinalei repetidas vezes a reserva de domínio do trabalho do encenador. Para contentá-lo e esclarecer os pontos que porventura continuaram em aberto para vocês, vamos examinar um pouco mais, e mais de perto, a questão. Parece-me que ninguém poderia pôr em xeque a imprescindível intervenção do diretor na concepção e na montagem de um espetáculo teatral, sobretudo na cena moderna. Eu diria até, sob uma forma ou outra, mesmo quando não explícita e com uma denominação não registrada, que ela sempre existiu. Por exemplo, no "teatrão" tudo se organizava à volta do primeiro ator ou atriz, que muitas vezes era o dono e empresário da companhia, e o ensaiador, como uma espécie de seu delegado, dispunha outros atores e figurantes tendo em vista essa linha diretriz. É possível dizer, pois, que, *grosso modo*, havia um centro gravitacional, emissor de volições e disposições, a polarizar uma direção e a fazer suas vezes na concepção e realização da peça. Sob o mesmo aspecto, considere-se um caso ainda mais simples, como seria o de um grupo ensaiando um espetáculo sem uma orientação escolhida e um orientador definido. Pode ocorrer, como é da experiência de todo ator, que, no curso desse trabalho "solto" nessa primeira instância, um dos contracenantes se imponha a certa altura, por sua força interpretativa e/ou carisma, agrupando psicológica e cenicamente em torno de si a performance da trupe, e dando, portanto, à cena ou à peça toda, a inflexão nascida de sua maneira de atuar e de seu modo individual de coar os elementos da obra. Entretanto, não quero contornar a questão proposta pelo Sérgio e ficar numa resposta indireta. Volto, pois, ao prefixo *re*, o qual precede o conjunto da atividade por mim caracterizada há pouco, inclusive na parte que toca ao ator. A mencionada partícula é sem dúvida a referência sígnica que melhor aponta a função e a necessidade da operação diretorial. Porquanto, em combinação com o labor explícito de um *metteur-en-scène*, ela está presente no conjunto de elementos, recursos, ações e expressões, de que o ato interpretativo e, por decorrência, o ator em sua metamorfose cênica, na assunção da *persona*, terá de valer-se para levar a efeito seu desempenho e dar-lhe o devido sentido e premeditado alcance dinâmico-artístico nas imagens e emoções produzidas no jogo das personagens, conflitos e situações. Mas, o espetáculo requer muito mais. E, é lícito afirmar que, do projeto de direção, que poderá abranger os mínimos pormenores e os máximos significados de tudo o que se encontra e age em cena, provém a totalidade daquilo que o espetáculo pode transmitir ou transmite como presentificação teatral... (*Sentindo a ameaça que se desenhava na sentença não concluída do professor e na possibilidade do Sérgio querer ir a fundo no assunto, a classe não teve dúvida: como que por efeito de uma mágica, sumiu instantaneamente no corredor.*)

A RELAÇÃO TEXTO-TEATRO

Professor – Foi a modernidade que trouxe novos e diferentes modos de abordar a relação texto-teatro, até porque justamente em nosso século, ao mesmo tempo em que se acelerou o processo de atrevido abandono dos caminhos batidos da tradição, o teatro em ato – embora a cena já tivesse perdido o cetro de que dispunha como meio de entretenimento de massa – ganhou, de fato, um status artístico e formal reconhecido esteticamente como tal.

Abílio – Eu vejo tudo isso muito ligado à questão do registro: a realização teatral, assim como a dança, uma coreografia, por exemplo, é algo que não tem uma escrita, um registro...

Professor – Veja, escrita não tem, mas há registro de vários tipos, como o vídeo, e não se esqueça do papel da corologia no balé. Mas prossiga.

Abílio – Uma boa lembrança é a adaptação que o Antunes fez de *Romeu e Julieta*. Quando se lê o texto adaptado sem ter visto o espetáculo, tem-se uma certa visão a seu respeito. Porém, depois de assistir à representação, a visão muda completamente. É claro que há passagens e cenas inteiras do escrito original cortadas, mas estas se encontram, às vezes, sintetizadas sob várias formas, por exemplo, na movimentação de um determinado quadro. Há casos em que cenas são suprimidas e/ou substituídas, com sucesso, por uma simples imagem que se desloca no palco... Mas, como o senhor observou, não há como escrever isto, o fato não tem registro escrito.

Bosco – É interessante... Eu nunca havia pensado no caso de *Romeu e Julieta*; mas no de Nelson Rodrigues, pelo mesmo encenador, nada mais foi feito do que subordinar o seu texto a um tipo de pensar, a uma "teologia"...

Professor – A uma teologia junguiana, embora a indagação que está sendo levantada pelo Abílio se encontre em outro plano...

Bosco – Então, o uso do recurso da sintetização, no caso do Nelson, seria mais em função dessa teologia e nem tanto da simples substituição de linguagem, ou seja, seria uma questão mais ideológica do que cênica.

Professor – É evidente que existem várias entradas possíveis para interpretar e modificar a letra de uma obra dramática sem destruí--la. O problema é *como* se irá efetivar em cena a metáfora teatral que, sem dúvida, poderá estar mais ou menos explícita no original. Um caso é aquele em que ela é proposta pelo diretor que procura concretizá-la, partindo da moldagem no palco para o estabelecido no texto. Uma outra coisa é a confecção de uma adaptação em que, digamos, um grupo, com ou sem a ajuda de um adaptador ou dramaturgista, se debruça sobre uma peça e, por razões filosóficas, hermenêuticas ou estilísticas, estabelece em cima da obra escrita uma determinada forma ou versão para expressá-la, que será a base para uma elaboração cênica ulterior.

– De qualquer maneira, no teatro moderno esta operação de leitura, ou melhor, de *transcrição* para o palco daquilo que chamamos texto – que pode ser tanto uma ideia apenas anotada e disposta teatralmente, como um drama de cinco atos, com 50 cenas, todas minuciosamente rubricadas – tomou uma feição marcante, com efeitos tão inovadores quanto, às vezes, devastadores, e não foi por acaso. Assim, mesmo que se conservassem os registros de todos os modos de atuar dos teatros históricos, mesmo que soubéssemos, por exemplo, precisamente que tipo de relação os intérpretes gregos mantinham com o texto trágico ou cômico, ainda assim esta seria diferente da atual, se não por tantos outros motivos a serem considerados, ao menos pelo próprio potencial de *expressão* ou de *configuração cênica* de que dispunham os teatros históricos formalmente constituídos, a começar pelo helênico. É evidente: quando se pode lançar mão, como hoje, de poderosos dispositivos de iluminação, sonorização e cenarização, para não mencionar os de multimídia, enfim pôr em cena a enorme variedade de recursos para a produção de efeitos e a *transformação de imagens*, trabalha-se com um espectro bem mais amplo para objetivar traços não só exteriores como interiores que em outros tempos não tinham nenhuma condição de ultrapassar a consignação pela palavra. Isso é um fato patente, pois até o teatro mais pobre de nossos dias tem ao seu alcance, no simples acender de uma lâmpada elétrica, meios de realização infinitamente mais potentes e eficazes do que os de outrora. Nesse sentido, deve-se ir além, na minha opinião, e considerar que tal instrumentação se reflete diretamente na obra do dramaturgo, o que fica evidente quando se compara o laconismo de certas peças contemporâneas com a exuberância verbal de um texto como o shakespeariano. É claro que, embora o seu autor dominasse a prática do ator e do espetáculo não menos do que a da pena literária, compondo inclusive todo o seu repertório textual exclusivamente em função da imediata apresentação no tablado, ele não teria podido materializar suas metáforas teatrais com a mesma gama de possibilidades significativas e riqueza alusiva de um diretor moderno. Nesse caso, a experiência de natureza cênica e não a puramente literária está embutida e inscrita no texto da peça e determina o seu grau de verbalização.

Abílio – De fato, é muito comum encontrarmos em obras mais antigas coisas que imaginamos imediatamente poderem ser incorporadas e transmitidas num gesto, ação ou movimento.

Professor – Certo, mas é exatamente aí que se desenha uma nova questão: até que ponto essa verdadeira intromissão no texto original, antigo ou atual, não afeta a sua organicidade e não leva à sua morte poética ou estética? Ainda que seja um lugar-comum como referência, ocorre-me que, se suprimirmos a cena do balcão de *Romeu e Julieta*, a peça é destruída. Algumas cenas, como a da morte e a do túmulo, constituem situações nodais, e não apenas do ponto de vista do desenvolvimento dramático, mas também por seu papel na economia poética do espetáculo. É evidente que, havendo consciência disso, pode-se trabalhar um texto, como se tem feito nas encenações modernas, em muitos sentidos, até na contramão – o cultuado "anti", em torno de cujas fogueiras votivas dançam hoje freneticamente tantos caciques e índios da taba cênica. Celebração antropofágica e às vezes altamente criativa, ela manipula elementos da obra de modo a fazê-los refluir e refletir sobre si próprios, projetando uma significação segunda, que não é a da fonte. Em seus termos é possível produzir, num processo reativo, uma gama variada de nexos, até mesmo um *Anti-Romeu e Julieta*, por exemplo, que pode facilmente resultar numa paródia, pela própria sublimação poética assim gerada. E devido ao fato mesmo de ser uma peça dotada de qualidade intrínseca reconhecida e, portanto, referencial, a sua exemplaridade dá azo a leituras contraditórias e torna-se tanto mais passível de manipulação. Um caso semelhante, fora do campo do teatro, é o que teve como alvo a *Mona Lisa*, na esteira de Marcel Duchamp. Basta lembrar os álbuns em que o sorriso enigmático da *Gioconda* recebe um comentário jocoso e irônico pelo acréscimo de diferentes formatos de bigodes... Isso apenas para demonstrar que quanto mais significativa e comunicante uma obra é em si, ela estará potencialmente mais sujeita ao jogo manipulativo.

– Assim, a nossa discussão a propósito da integridade da comunicação poética de um texto é de grande importância, na medida em que procurou avaliar o efeito da introdução e da transformação de elementos estético-teatrais no dado original. Daí inclusive o interesse que pode ter para o estudo das formas que vêm assumindo a moderna criação teatral, no palco e na dramaturgia, a sua abordagem à luz da teoria dos gêneros.

4. O Lugar do Teatro no Contexto da Comunicação de Massa

Muitos analistas têm-se perguntado se o teatro ainda dispõe de um lugar entre as artes de nosso tempo.

A indagação se deve principalmente ao surgimento dos novos meios de comunicação de massa, em cuja perspectiva a tradicional cena dramática se afigura como uma espécie de dinossauro pré-histórico. E essa visão não é apenas a dos pregoeiros de uma cultura tecnicizada. Até críticos como Martin Esslin, cuja vinculação com o teatro não é preciso ressaltar, vêm encarando a arte cênica tal qual a conhecemos hoje em dia como uma forma superada, em franca desvantagem perante a tevê.

A discussão sobre o tema não é recente. Já nas décadas de vinte e trinta, futuristas, funcionalistas e construtivistas extremados abordavam-na movidos pelo desenvolvimento do cinema e, não menos, pela utopia cinética de suas estéticas, como se poderia ler por implicitação em Schlemmer, nas suas propostas para o teatro da Bauhaus. Assim, a questão passou a integrar a pauta das especulações sobre o porvir das artes, tanto mais quanto as correntes modernistas que questionaram as expressões acadêmicas ou as de codificação tradicional, pretenderam revolucioná-las em vista de prospecções sobre as formas de acompanhamento das artes, nas culturas de alta tecnologia, ou então eliminar o seu cultivo pela negação radical de suas possibilidades e usos até as raízes mais antigas.

Basta lembrar as formulações de um pensador como Walter Benjamin e da Escola Frankfurtiana para se constatar quão entranhado já estava, no repertório crítico do debate da modernidade, o exame do problema.

No Brasil, vários críticos levantaram o tópico sob diferentes aspectos. Entre eles figura Anatol Rosenfeld que, em seu notável ensaio "O Fenômeno Teatral"[1], não só avalia os elementos fundantes do teatro, como se interroga sobre o destino que lhe está consignado no contexto contemporâneo. Conquanto não se estenda na sua análise sobre este item em particular, sustenta haver, mesmo em nossa sociedade, uma reserva de domínio, infranqueável para outros veículos, privativa da arte teatral, devido à peculiaridade de seu tipo de comunicação artística. É verdade que em outro ensaio[2], escrito pouco antes de sua morte, Rosenfeld não se mostra mais tão seguro e otimista, pelo menos quanto ao futuro da cena dramática. Mas, de todo modo, a sua adesão ao apocalipse do teatro e à beatificação das massas pela tevê não é programática, nem poderia ser, mesmo porque o fundamento estético e ontológico de sua concepção de teatro continua sendo o mesmo em quase toda a sua obra.

Mais recentemente, essa preocupação tem ressurgido em torno do debate do pós-modernismo. Por exemplo, o fato de o teatro dos anos oitenta distinguir-se por ser em grande parte criação de diretores e em muito menor escala de dramaturgos, suscitou na literatura especializada uma sucessão de especulações sobre a impotência teatral da escritura dramatúrgica como sinal de fenecimento da arte dramática. Nem o surgimento de autores como Heiner Müller, Botho Strauss e outros é considerado uma demonstração de poder criativo de textualização, sendo apontado como uma confirmação do processo de decadência, pelas características de suas peças. As colagens, as citações, as montagens de fragmentos, as transposições do épico para o dramático, os enredos soltos, as estruturas abertas e a própria potencialização dos recursos e das intervenções cênico-diretoriais tornam-se outros tantos argumentos em favor da desvitalização da força do teatro, de seus componentes essenciais e constitutivos, e não são tidos como elementos de uma linguagem que faz da montagem de teatro um teatro de montagem. Nem o gênio inventivo de um Grotóvski, de um Peter Brook, de uma Ariane Mnouchkine, de um Tadeusz Kantor, de um Eugênio Barba, de um Bob Wilson, de um Andrei Serban e, não com menos peso, o de um Antunes Filho ou de um Gerald Thomas são tomados como sinais pulsantes de um organismo vivo, que encontrou em uma teatralidade renovada os alimentos, não apenas da aparência espetacular, mas da própria essência dramática do teatro. E essas opiniões multiplicam-se, quer em função do suposto esgotamento da tradição e da prática artísticas na aldeia global, quer em função de um suposto fim da história.

1. Em *Texto/Contexto I*, São Paulo, Perspectiva, 1972.
2. "O Teatro em Crise", *Debate & Crítica*, nº 1, São Paulo, jul.-dez. de 1973, pp. 123-134.

Os corifeus dessa posição não julgam suficientes fatos como a persistência, dia após dia, em todas as principais cidades do mundo, de toda sorte de representações do repertório de base textual e das grandes obras da literatura cênica, nem tampouco o inegável cultivo do teatro nas nações, sociedades e culturas tecnicamente mais avançadas. Essas realidades e o indubitável avanço atual da arte e do saber teatrais, em termos jamais vistos anteriormente, como se evidencia inclusive no Brasil, não lhes parecem capazes de sustar a condenação fatal.

Mas, justamente sob esse cutelo, que recebe o seu gume de um decreto histórico-cultural, cabe perguntar se a natureza do teatro e a sua função estão sujeitas, de um modo absoluto, a semelhante efemeridade?

É evidente que o teatro como espetáculo de massa não tem mais o privilégio que possuía no passado e, sobretudo, no século dezenove, quando a civilização industrial e urbana o expandiu em proporções inconcebíveis para a perspectiva do anfiteatro do cidadão da *pólis* grega. Também é certo que ele não pode, com as sinalizações expressivas de seu corpo-a-corpo vital e sensível, competir com os sinais elétricos e eletrônicos das mídias. Mas o problema de sua subsistência e pertinência, no âmbito da vida e da cultura do homem e das sociedades de massa, não deve ser reduzido a frequências e comprimentos de onda.

* * *

O teatro, ao que se pode ver em todos os tipos de organizações sociais do homem que chegaram a cultivá-lo em suas formas artísticas, sem mencionar as suas manifestações fora do código da intencionalidade culta, não é um produto determinado apenas pelas condições e estruturas socioeconômicas e estético-culturais. Estas, sem dúvida, constituem fatores importantes de seus modos e estádios de concretização. Mas é preciso lembrar, não somente como curiosidade, que, ao definhamento ou ao desaparecimento, por exemplo, no Ocidente, de uma de suas cristalizações estilísticas, sempre sucedeu o surgimento e o amadurecimento de outras. O teatro não morreu porque o classicismo se misturou ao barroco ou porque o romantismo foi desembocar no naturalismo ou o simbolismo se perdeu no modernismo. Tampouco a transformação da sociedade feudal na capitalista ou desta em outras modalidades mais avançadas de organização humana o extinguiu, nem o levou sequer à dissolução na festa cívica ou no ritual de massa. As próprias formas primitivas de sua gênese, a partir dos cerimoniais de toda espécie, e de sua eclosão nos gêneros populares do mimo, do tablado de feira, do circo, dos espetáculos de bonecos, de sombras etc., para não mencionar o próprio carnaval, indicam que a sua seiva tem fontes situadas não só no processamento sociocultural da existência humana. O mínimo que se pode dizer, a esta altura, é que ele decorre de uma necessidade antropológica. Sem dúvida, outras artes também desabrocharam em decorrência desta mesma solicitação. Mas poucas terão, como ele, a intimidade orgânica, corporal, e a visceralidade com o sujeito de sua expressão. Mais do que em qualquer outra manifestação artística, no teatro, o homem é a medida de todas as coisas. É claro que a literatura tem um poder bem maior de abstração e de incursão especulativa no imaginário. (O que não gera um juízo de valor estético, nem significa que o teatro lhe seja inferior poeticamente.) A pintura também goza destas propriedades, até certo ponto, por sua capacidade de plasmar e dispor as imagens ou signos plásticos. A estes dois domínios seria possível associar o cinema e, em certa medida, e por extensão, a tevê.

O poder de manipulação no palco certamente não é tão ágil e flexível. Embora modernamente tenha conquistado enorme desenvoltura técnica e notável possibilidade representacional, graças ao desenvolvimento dos trabalhos de preparação do espaço, da atuação, da encenação, afora os reptos da contemporaneidade, a sua dependência do aqui-agora não é menor. A arte do palco está inextrincavelmente aí ancorada. Mas por isso mesmo, nada como o teatro para dar do homem o sinal do homem – ambos lhe são copresentes.

E essa copresença é, ao mesmo tempo, a da determinação e a da liberdade. A projeção, a planificação, a deliberação do fazer artístico, não estão, de modo algum, ausentes, como já foi dito, da obra teatral em todos os níveis, desde o textual até o vivencial. Mas o teatro é a arte da atualização. A cada peça, a cada noite, a cada instante, ele não apenas renasce, porém nasce. A sua reprodutibilidade, mesmo no que ela tem de reprodução, só se concretiza, irreprodutivelmente, na incorporação cênica. Tudo nela é polarizado em um *ato* da espontaneidade do gesto vivificador da representação teatral, da energia atual, ao vivo, de sua comunicação com o seu receptor, o homem *in vivo*.

Nesse sentido, dado o fato de não haver entre o principal fautor da concretização do signo teatral como informação estética, o ator em cena, qualquer interface preponderante e congeladora de sua relação com o destinatário de sua emissão, e considerando que todo descongelamento comunicacional, no âmbito humano, só é possível através da mente e do corpo do receptor, que lhe dão não somente as coordenadas e os códigos de deciframento, mas ainda a carnalidade de seu esquema corporal para torná-lo acessível à sua percepção sensível, o teatro talvez faça o que todas as outras artes almejariam fazer. Tanto mais quanto nenhuma delas pode dispensar o seu captador, o seu público, que o espectador o é por excelência, e que constitui o seu alvo, o seu retroalimentador indispensável e, como consequência, o seu ideal. Qual delas não sonharia em *com*-fundir-se com ele, fazendo da arte, vida, como o teatro?

* * *

Na perspectiva do que foi examinado até aqui, isto é, do poder de fogo da arte teatral em face do poder apocalíptico da mídia, não se deveria pensar que o teatro brasileiro constitui exceção. Projetá-lo como uma sufocada e marginalizada tentativa de sobrevivência sob a floresta de antenas da poluição imagística, não corresponde à medida de seu efetivo desempenho. Esta sua atividade pode afigurar-se mais ensombrecida porque as dificuldades pelas quais passa o país o atingiram materialmente de maneira particular. Talvez seja o caso de se observar que, no seu âmbito, à crise atual somou-se uma outra, mais antiga, que o afetava de há muito.

De fato, em nosso palco, desaparecido o primeiro momento moderno de uma presença mais estável, sobretudo com o fim das companhias de repertório e dos grupos de proposta permanente, as vicissitudes da vida política nacional, com a instauração do regime militar e a cassação das liberdades constitucionais e democráticas, levaram-no a uma fragmentação que não foi contrabalançada por nenhuma tentativa de sustentação de um teatro institucional, como se poderia esperar de um dirigismo cultural centralizado ou como acontece em países onde a arte dramática é objeto de real consideração, mesmo que destinada a servir apenas ao consagrado e ao oficial.

Entretanto, o próprio processo de espalhamento não se deu unicamente como uma explosão aleatória, na medida em que convergiu para alguns polos em torno dos quais fez girar com intensidade a produção cênica de instigação local ou estrangeira. De um lado, há que ressaltar o chamado político da resistência que desde logo teve no teatro uma caixa de ressonância por excelência, graças às possibilidades comunicacionais que a sua arte oferece para o debate público de ideias e, como consequência, à vocação, que se torna uma constante tentação de gênero e circunstância, para a crítica e o protesto. De outro, há que atentar para o apelo artístico das novas linguagens, ou das experiências com o fito de obtê-las, nem sempre marcadas por um discurso engajado *stricto sensu* na problemática das situações emergentes, mas sempre flexionadas pelas indagações socioexistenciais de nosso tempo e, sem dúvida, pela incessante reflexão – no duplo sentido da palavra e intrínseco à cena – a respeito da condição humana.

Com esses dois parâmetros, fez-se no Brasil um teatro bem mais vivo e significativo do que supunham os seus próprios criadores, críticos e espectadores. O seu papel torna-se palpável, não só porque as suas inquietações no palco eram as que agitavam a plateia mesma e para as quais esta vinha procurar alguma representação, ou porque todo um repertório de suas produções[3] ascendeu ao nível de referência

3. *Opinião; Liberdade, Liberdade; Arena Conta Zumbi; Arena Conta Tiradentes; Feira Paulista de Opinião; Prova de Fogo; Ponto de Partida; Rasga-Coração;*

histórica obrigatória ou de exemplaridade simbólica; mas porque, tanto quanto os seus registros de época, as suas buscas e a renovação que ela forjava em seus modos de expressão constituíam a incorporação pulsante e retroativa do vivido e do pensado.

Na verdade, são parte integrante do movimento teatral dos anos 60 e 70 do século XX não apenas as realizações cuja consagração textual nos foi legada, como ainda uma rica constelação de grupos de pesquisa e vivenciamento, com maior ou menor grau de intenção político-ideológica, cujas tentativas e consecuções gozam de indiscutível legitimidade artística. Concomitantemente, porém com uma especificação mais nítida em um lance ulterior no tempo, fundindo talvez as conquistas da renovação teatral dos anos 40 e 50 com as novas tendências e injunções, começa no Brasil o que se tem denominado a era ou o teatro dos diretores. *Macunaíma* pode ser considerada um marco inicial de uma sucessão de montagens em que o encenador brasileiro se torna, como Meierhold chamou a si próprio, o "autor do espetáculo". Não se pretende aqui empreender a avaliação crítica individualizada desses trabalhos, embora seja impossível deixar de consignar que os malogros não puderam empanar os notáveis êxitos, hoje já históricos, de tais criações. Antunes Filho, Gerald Thomas, Luiz Roberto Galizia, Cacá Rosset, José Possi Neto, Ulisses Cruz, Gabriel Vilela, para citar alguns, são, principalmente nos anos 80 e 90, os plasmadores dessa teatralidade que tem falado ao nosso público com invenções e retextualizações onde o trágico e o cômico fazem de sua eternidade na vida humana novas máscaras. E o curioso, pelo menos do ponto de vista de certas perplexidades, é que, de um ou de outro modo, as plateias brasileiras, e até as estrangeiras, têm captado a sua linguagem; pois, do contrário, não se compreenderia a atração do público.

Não resta dúvida de que tanto a vertente dos grupos de pesquisa quanto a dos encenadores, na singularidade de suas propostas, assimilaram a lição estética de correntes afins no exterior, bem como o impacto da modernidade técnica e comunicacional sobre o modo de ser do teatro. Mas essa assimilação, que resultou em leituras originais de obras dramáticas clássicas e atuais e numa inventividade cênica como nunca se vira anteriormente em nossos espetáculos, não pode ser tida, por certo, como o balbuciar senil de uma decadência, constituindo, antes, sem perda da capacidade de fazer e refazer o palco do texto na sua função consagrada, a voz plena de uma teatralidade mais apta a explorar as suas potencialidades, mais aberta para a manipulação estrutural do dramático e, em decorrência, mais armada para capitalizar quer a tradição, quer a vanguarda, numa expressão re- ou plurissemiotizante. Por outro lado, acrescente-se a isso a mul-

Um Grito Parado no Ar; A Resistência; Abajur Lilás; O Último Carro; A Patética; Campeões do Mundo etc.

tiplicação dos pequenos grupos experimentais, das escolas e dos departamentos de Arte Dramática em nossas universidades e o ingresso incessante de jovens que buscam o teatro como forma de realização e profissionalização, numa transfusão que aqui, não menos do que em outras partes, alimenta a perene vida do tablado.

Se assim for, pergunta-se: Serão esses os últimos estertores do velho fóssil? Não se emitiram ainda sinais em número suficiente para soterrá-lo, na paz dos justos, sob a avalanche das imagens eletrônicas? Ou será que é preciso rever a visão?

5. A Crítica, o Historicismo e Herder: Notas para uma Introdução

A abordagem crítica do teatro tradicional apresenta-se sob dois aspectos principais: como crítica literária, isto é, da *peça* escrita, e como crítica propriamente teatral, isto é, da realização cênica das possibilidades dramáticas contidas no texto, as quais compõem uma nova obra, com outro nível de realidade, de existência, o espetáculo.

Esse duplo caráter faz com que as teorias que presidem a crítica teatral sejam de duas origens: de um lado, ligam-se às concepções sobre a natureza da literatura, em cujos ramos sempre encontramos o gênero dramático e, de outro, às teorias da encenação.

Na prática, a visão crítica sempre transita entre um e outro polo, porque, sendo o seu objeto um produto de síntese, na qual se combinam diferentes elementos e valores, como os plásticos, poéticos, musicais, a sua totalização, em dado momento, se faz seja na produção, seja na representação, com maior realce de um ou outro acento, o que se relaciona também, evidentemente, aos destaques do momento histórico, social e estético, bem como às sugestões concretas dos componentes do objeto em questão e deste como um todo. Entre Sófocles e o mimo, entre Shakespeare e a *Commedia dell'Arte*, entre o poeta e o histrião corre a agulha crítica.

Mas como a crítica também não é aferida pelo absoluto, dependendo as suas medições daquilo que ela mede, sendo alguns de seus critérios função do processo teatral, do momento histórico, para não mencionar outros fatores sociais e psicológicos, ela acompanha dialeticamente, por aceitação e recusa, o processamento de seu objeto.

Assim, a partir do início do século XIX, a crítica se desloca cada vez mais no sentido da apreensão totalizada do fenômeno teatral, o que significa, entre as variações, uma tendência para destronar o texto de sua realeza absoluta e de avaliá-lo em função do conjunto.

É bem verdade que isso já estava de certo modo implícito nas Poéticas e nas teorizações em torno do drama, que sempre levaram em maior ou menor consideração, mas ainda assim em consideração, o efeito das falas e rubricas, a sua atualização no palco – fim inerente à sua forma de organização, à estrutura dramática.

No entanto, o acento era posto em outro lugar, quer dizer, na qualidade do discurso textual.

Essa evolução da crítica teatral, em contrapartida, não a desliga do criticismo literário. Ao contrário, a vinculação e o confronto entre ambos é constante. As vicissitudes deste último a influenciam fortemente, mesmo hoje quando tudo nos leva a distinguir cuidadosamente um do outro.

Nessas condições, verificamos que as periodizações estilísticas (classicismo, romantismo, realismo etc.), as quais, no fim de contas, envolvem, de um ou de outro modo e até certo ponto, todas as manifestações artísticas e as disciplinas que as estudam, assim como as respectivas abordagens metodológicas, são válidas para ambos os domínios, em que pesem suas diferenças. Se é, pois, lícito, e não há dúvida que é, falar de crítica naturalista ou simbolista em literatura, sem que por isso se defina um rigoroso historicismo dos estilos, também se pode falar, sob o ângulo metodológico, em abordagem sociológica, psicológica, estética, na crítica de teatro, sem que a referência invocada estabeleça parâmetros rígidos e critérios absolutos no âmbito de cada um desses tratamentos.

Como exemplo, é bastante ilustrativo o modo como a crítica se exprimiu num momento em que se abrem, por assim dizer, as comportas de seu percurso torrencial e multiforme para a modernidade, isto é, o do historicismo, que na verdade assinala, também nesse campo, uma intervenção operativa mais manifesta do parâmetro tempo histórico e de sua dinâmica no espaço da cultura e da arte.

A ideia de que a natureza da mente humana, dos meios de expressão e da sociedade só é compreensível a partir de sua história, e que é na vida histórica que tais estruturas se encarnam na sua forma mais pura – esta ideia só adquiriu os seus plenos contornos com o romantismo. "O homem não tem natureza, o que ele tem é história", seria a formulação mais nítida dessa tendência, segundo a expressão paradoxal de Ortega y Gasset. Nesse contexto, certas forças históricas obtêm primazia, passam a presidir o desenvolvimento no tempo, tornam-se princípios cujas funções e encarnações constituem a manifestação histórica concreta. Fazem-se, pois, imanentes a esta ou, em outros termos, mitificadas, personalizadas, hipostasiadas. O *Volksgeist* (espírito do povo) – que assumiu e assume tão diferentes formas, parecendo até que o Onipotente criou tantos espíritos, tantos anjos tutelares, quantos agrupamentos humanos mais ou menos definidos – é uma das principais elocubrações do historicismo.

Se a aparição plena do historicismo vem com o romantismo, as suas raízes mergulham longe e um de seus antepassados mais próximos é Giambattista Vico (1668-1744). Este considera que "Deus nos deu existência através de nossa natureza social e nos preserva por meio dela". Mas esse fio condutor não é arbitrário, processando-se segundo a lei dos três estádios: 1º) o divino, o dos poetas, teólogos criadores de lendas; 2º) o da natureza heroica, em que predomina o espírito heroico; 3º) o da natureza humana inteligente, caracterizado pelo espírito igualitário, pelo pensamento etc. No caso específico de sua crítica literária, Vico opõe a poesia ao intelecto, como é fácil ver pela esquematização acima. Associados aos sentidos, identificados com a imaginação e o mito, os poetas pertencem à idade heroica da humanidade, quando os povos falavam a linguagem da metáfora. Para Vico, a poesia surge como uma necessidade da natureza humana. Homero, que é apenas o nome para a nação grega a contar a sua história em versos, e Dante, o homem do Medievo, são representantes da era poética, enquanto os tempos modernos só podem produzir literatos, retóricos, filósofos. Na verdade, Vico não pode diferenciar a poesia do mito, e sua visão poética não parece traduzir a intuição, apesar dos esforços de Croce, mas ainda assim resta a imensa novidade que representa o seu conceito de poesia inserido organicamente numa concepção especulativa da filosofia da história.

Outro expoente do historicismo e precursor da escola romântica foi Herder (1744-1803). Sua concepção empática, isto é, de identificação (o crítico deve ser "servo do autor, seu amigo, seu juiz imparcial") na tarefa crítica, liga-se à ideia de que cada obra literária tem de ser vista e interpretada em seu quadro histórico. É preciso captar o "espírito da própria peça": a principal explanação de um poeta é a "dos costumes de sua época e nação".

Herder rejeita a classificação literária por gêneros (um traço que por si já remete ao romantismo), utiliza divisões como "subjetivo e objetivo" e considera a poesia a arte da emoção, expressão e energia que apela à imaginação, entendimento ao qual se filia a ideia de uma associação original entre poesia e música (a ode seria o seu primogênito). Daí ter concebido o próprio "teatro grego como cântico" e a tragédia sofocliana como "ópera heroica". A linguagem estaria vinculada à poesia desde o começo, sendo sua primeira manifestação um conjunto de elementos poéticos: o mito e a metáfora são tão originais quanto o grito lírico. O homem primitivo pensa em termos de símbolos, alegorias e metáforas e a poesia não é uma combinação da natureza, porém uma imitação da "Divindade denominadora, criadora" e o poeta é um "segundo criador, um fazedor" (ainda que às vezes inconscientemente: Shakespeare "pinta paixões em seu mais profundo abismo" sem sabê-lo).

Toda essa teoria do poeta e da poesia inscreve-se, no entanto, na História. "É impossível chegar a uma teoria filosófica do belo na arte e nas ciências sem a História." Para alcançá-la, cumpre ir às raízes, dos gêneros individuais até as suas origens. Assim, a evolução da literatura é concebida em termos genéticos. A semente reside na poesia, que é a linguagem do homem primitivo, da infância da humanidade, como em Vico. Visto que a linha de uma evolução assim arquitetada seria irreversível, unidirecional, Herder concebe uma teoria cíclica de surgimento, florescência e morte, que viria influenciar em nossos dias Spengler, sendo, como no caso deste filósofo, bastante característica de um anseio de retorno às fontes, ao original, ao puro, ao paradisíaco. Em outros termos: é o *avant-goût* do sentimento romântico de separação, de exílio, de *dépaysement*.

No entanto, Herder, filho de sua época, não vê a separação como irremediável, uma impossibilidade trágica. Apesar do prosaísmo em que, no seu parecer, descai a literatura de seu tempo, ainda é possível de certo modo retornar às origens: "Voltemos à mais velha natureza humana e tudo estará bem". Julgava, contemporâneo de Rousseau e do enlevo deste pelas virtudes do bom selvagem, que um tal banho na fonte da juventude lhe permitiria rejuvenescer sobretudo o espírito germânico. Meio século depois haveria de ser tarde, mas naquele momento ainda seria possível salvá-lo mediante o poder regenerador do folclore, da poesia popular. Desta, de seu caráter peculiar, de sua especificidade nacional e ética, é que poderia nascer a grande obra. Shakespeare por exemplo é, para Herder, um escritor popular que toma o seu material das cantigas, baladas, narrativas e crônicas do povo.

Na verdade, caberia considerar o dramaturgo inglês como a lavra preferida da crítica herderiana. A título de ilustração, vejamos alguns trechos dessa interpretação, que Anatol Rosenfeld incluiu em sua seleção de textos do pré-romantismo alemão[1]:

"Na Grécia antiga surgiu o drama de um modo que não poderia ser o do Norte. Veio a ser na Grécia o que não pôde ser no Norte. Razão por que no Norte não é nem pôde ser o que foi na Grécia. Consequentemente o drama de Sófocles e o de Shakespeare são duas coisas que, em certo sentido, mal têm em comum o nome [...]

"Recuai até a infância dos tempos de outrora: a simplicidade da fábula grega jazia deveras de tal forma naquilo que se chamava ação do passado remoto, da república, da pátria, da religião, naquilo que era ação heroica, que o poeta encontrava mais dificuldades em achar partes

---

1. *Autores Pré-Românticos Alemães*, São Paulo, Herder, 1965.

nessa singela grandeza, incutindo-lhe princípio, meio e fim dramáticos, do que em segregá-las à força, amputando-as ou amalgamando-as num todo feito de muitos eventos isolados. Quem já leu Ésquilo ou Sófocles jamais veria nisso algo de incompreensível. Que é a tragédia para o primeiro, senão, com frequência, um quadro alegórico, mitológico e semiépico, quase sem sequência de cenas, de enredo, de sentimentos, ou mesmo, como diziam os antigos, *não mais do que apenas coro*[2], no qual eram intercaladas algumas histórias [...] Não haja dúvida, essa é a gênese do palco grego.

"Veja-se agora quanto segue desta singela observação. Nada menos do que: "O artificial de suas regras não era arte – era natureza!" [...]

"Dado que tudo no mundo se modifica, também teve de modificar-se a natureza que foi o que propriamente criou o drama grego. Transformou-se a situação mundial, modificaram-se os costumes, a posição das repúblicas, a tradição da era heroica, a crença, mesmo a música, a expressão, o grau de ilusão, mudando naturalmente a matéria para fabular, a ocasião para elaborá-la, os motivos para compor a peça [...]

"Tudo o que é casulo no teatro grego, não há dúvida de que não poderia ter sido imaginado e feito com maior perfeição na França [...]

"Apesar de tudo isso, porém, fica uma sensação opressiva e avassaladora: 'Isso não é tragédia grega! Isso não é drama grego em nada, nem na finalidade, nem no efeito, nem no gênero, nem na essência!' Nada em Corneille, Racine, Voltaire, diz Herder, corresponde ao teatro grego, a seu objetivo fundamental. Qual é este? 'Aristóteles disse-o... nem mais nem menos que certa comoção do imo, o excitamento da alma em certa medida e de determinados lados, em suma, um gênero de ilusão que realmente nenhuma peça francesa conseguiu nem conseguirá [...]'

"Agora, imagine-se um povo que queira "inventar seu drama segundo a sua história, segundo o espírito da época, os costumes, as opiniões, o idioma, as convenções, tradições e paixões nacionais, ainda que oriundas de farsas carnavalescas e do teatro de fantoches (tal como os nobres gregos o fizeram partindo do coro), e o assim inventado será drama quando, nesse povo, alcançar fim dramático [...]" São os ingleses e o seu genial Shakespeare.

"Shakespeare de modo algum deparou ante si e em seu derredor com aquela simplicidade de costumes, feitos, tendências e tradições históricas nacionais, que deu origem ao drama grego [...]

"Shakespeare não deparou com um coro e, sim, com representações de grandes feitos e de teatros de fantoches [...] A ele não se lhe apresentou um caráter popular e pátrio que fosse tão simples como o

---

2. O grifo é meu.

grego, mas, sim, uma diversidade de classes, de formas de vida, mentalidades, povos e dialetos: qualquer nostalgia do passado teria sido em vão. Assim, pois, ele recriou classes e homens, povos e dialetos, reis e truões, truões e reis, fazendo de tudo isso um esplêndido todo! [...] Shakespeare ensina, comove e forma homens nórdicos! Para mim, quando o leio, desaparecem teatro, ator e bastidores. Folhas várias, esvoaçantes na tempestade dos tempos, do livro dos acontecimentos, da providência universal! [...]

"Justamente aqui deveria ter início o âmago do meu exame: 'Como, com que arte e forma de criação Shakespeare conseguiu poetizar um mísero romance, novela e fábula histórica, fazendo disso um todo vivo? Que leis de nossa arte histórica, filosófica e dramática residiriam em cada passo seu e em cada golpe técnico de sua arte?' Que exame! Quanto material para o edifício de nossa história, para a filosofia da alma humana e para o drama [...]

"Triste e importante torna-se o pensamento de que, também esse grande criador de história e alma envelheça cada vez mais! [...] Que [...] também seu drama será de todo incapaz de representação viva, passando a ser uma ruína de colosso, de pirâmide que todos admiram e ninguém compreende! Feliz de mim que vivo no ocaso do tempo em que ainda me era possível entendê-lo [...]"

6. O Titereiro da Graça: Kleist – Sobre o Teatro de Marionetes

Escrito para os *Berliner Abendblätter*, um diário berlinense fundado por Heinrich von Kleist, *Sobre o Teatro de Marionetes* apareceu em quatro folhetins estampados de 12 a 15 de dezembro de 1810. O texto não teve grande repercussão na época nem ao longo do século XIX. Sua sorte mudou somente no século XX, quando a crítica começou a utilizá-lo como uma das chaves para a interpretação da obra dramática e do universo ficcional do autor de *A Bilha Quebrada*, *Pentesileia* e *Príncipe Frederico de Homburgo*. Mas foi, sem dúvida, a partir do simbolismo e do expressionismo que as buscas estéticas da modernidade fizeram incidir uma luz particular sobre a reflexão desenvolvida nesse escrito acerca da natureza da graça e do movimento no títere e na dança, do gesto e de sua representação no teatro, bem como da harmonia e da consciência no homem, vistos na perspectiva romântica – a de um intento paradoxal de recuperar uma originalidade e perfeição absolutas perdidas para sempre, na história humana, à porta do Paraíso.

Trata-se de um absoluto que, para Kleist, só pode residir ou em algo que "não tem consciência nenhuma ou tem uma consciência infinita, isto é, no manequim ou em Deus".

De fato, unicamente o automatismo do movimento mecânico (o do marionete) ou do movimento instintivo (o do animal) ou, de outra parte, a espontaneidade de um dinamismo e de um gesto não secionados pela reflexividade representativa (no bailarino) seriam capazes de restituir toda a inteireza e pureza da expressão ao espírito no corpo, ou seja, fazer presente a graça e com ela a beleza (a esteticidade) da materialização moto-gestual.

Ora, não é precisamente nisto que consiste a ideia da Supermarionete de Gordon Craig – o ator expungido das carências de suas imperfeições físicas, mentais e emocionais, dos "acidentes" da atuação psicológica e realista, apto a executar à perfeição a encenação e a simbolização cênicas e, por seu intermédio, a obra de arte teatral?

Compreende-se, pois, que o autor de *A Arte do Teatro* (1911), a fim de ultrapassar radicalmente o naturalismo no palco, buscando uma estética da teatralidade como tal, enveredasse por um caminho que, se não derivou diretamente de seu antecessor, Kleist, apresenta inegável afinidade de percepção com ele.

É claro que a meditação do poeta alemão pode ser analisada, igualmente, como uma visão do destino paradoxal do teatro, que está condenado, justamente por sua convenção mimética e representativa, a perder o seu maior anseio e alvo, a revivência como vivência pura da dramaticidade no palco. Digamos que, a essa luz da cena teatral, o teatro foi banido, sem possível retorno, do Éden, do gesto original da espontaneidade e da autenticidade. Ou, para voltar ao início, ele só poderá recuperá-lo mediante a provação de um novo fruto da árvore do conhecimento. Mas não terá sido isto que Stanislávski e Grotóvski, por exemplo, tentaram, a seu modo? Querer responder à pergunta é refazer o percurso da história do teatro depois de expulso do rito primitivo... Como se vê, uma tarefa em círculo que remete ao admirador judeu do extraviado oficial prussiano, von Kleist, a Kafka. Pois von Kleist, embebido de Kant e Rousseau, une-os numa conjugação singular de ideia, em que a inacessibilidade da "coisa em si" e a subjetividade do conhecimento fazem do intelecto e da consciência fontes do erro e da ilusão a solapar e alienar de modo irreversível, no curso do tempo e da história, a unidade edênica do homem adâmico e de seu universo de representação, posto que, em última análise, quem está em foco, nas marionetes de Kleist, não é apenas o ator, o titereiro, o bailarino e o artista, porém o homem em cena, na vida.

KLEIST – *SOBRE O TEATRO DE MARIONETES*[1]

Eu passava o inverno de 1801 em M..., quando encontrei certa noite, num jardim público, o Sr. C., que, havia pouco, fora contratado, nessa cidade, como primeiro bailarino da ópera, e que obtivera extraordinário êxito junto ao público.

---

1. Trad. de J. Guinsburg, segundo o texto constante em *Samtliche Werke*, de Heinrich von Kleist, Munique, Droemersche Verlaganstalt, 1954, pp. 882-888.

Disse-lhe de meu espanto por tê-lo visto várias vezes em um teatro de marionetes, que fora armado na praça do mercado, e que divertia o poviléu com pequenas revistas burlescas, entretecidas de canções e danças.

Ele me assegurou que a arte pantomímica desses bonecos lhe proporcionara muito prazer, e deu a entender, de maneira nada obscura, que um dançarino, desejoso de aperfeiçoar-se, poderia aprender muita coisa com eles.

Uma vez que essa declaração, dado o modo pelo qual a proferiu, pareceu-me algo mais do que mero capricho do momento, sentei-me a seu lado a fim de inquiri-lo mais acuradamente sobre as razões de tão singular assertiva.

Ele me perguntou se eu achara que alguns movimentos dos bonecos, particularmente dos menores, eram, na dança, sobremaneira graciosos.

Eu não poderia negar essa circunstância. Mesmo Teniers[2] não poderia pintar melhor um grupo de quatro camponeses a bailar a ronda em compasso acelerado.

Quis inteirar-me do mecanismo dessas figuras, e perguntei como era possível, sem ter nos dedos miríades de fios, reger cada membro isolado e seus pontos, tal como o ritmo do movimento, ou da dança, exigia.

Ele me respondeu que eu não devia imaginar que cada membro fosse disposto e puxado isoladamente pelo titereiro[3] durante os diversos movimentos da dança.

Cada movimento, disse ele, tinha um centro de gravidade; bastaria regê-lo no interior da figura; os membros, que nada eram exceto pêndulos, obedeciam por si sós, mecanicamente, sem ajuda.

Ele acrescentou que esse movimento era muito simples; que toda vez que o centro de gravidade era movido em linha reta os membros começavam a descrever curvas que, amiúde, quando sacudido de uma forma meramente acidental, o todo era arrastado numa espécie de movimento rítmico que se assemelhava à dança.

Essa observação me pareceu, a princípio, lançar alguma luz sobre o prazer que ele pretendia encontrar no teatro de marionetes. Entrementes, eu não suspeitava ainda, nem de longe, das consequências que iria tirar daí, mais tarde.

Perguntei-lhe se acreditava que o titereiro que regia os bonecos devia ser ele próprio um dançarino ou, ao menos, ter alguma ideia do belo na dança.

---

2. David Teniers (1610-1690), pintor flamengo que se distinguiu pelas cenas de vida popular representadas em suas telas.
3. O termo alemão *Maschinist*, "maquinista", serve melhor ao contexto em que Kleist inscreveu aqui a função do titereiro.

Ele me redarguiu que, embora a coisa fosse fácil por seu lado mecânico, não seguia daí que pudesse ser acionada inteiramente sem o sentimento.

A linha, que o centro de gravidade tinha de descrever, era na verdade muito simples e, em sua opinião, na maioria das vezes, reta. Nos casos em que fosse encurvada, a lei de sua curvatura era pelo menos de primeira ou, no máximo, de segunda ordem; e também nesse último caso apenas elíptica, forma de movimento que era natural para as extremidades do corpo humano (devido às juntas) em geral e, portanto, não requeria muita arte ao titereiro, para consigná-la.

Em compensação, essa linha era, de outro lado, algo muito misterioso. Pois nada mais era senão o caminho tomado pela alma do dançarino, e ele duvidava que fosse possível encontrá-la de outro modo a não ser que o titereiro se colocasse no centro de gravidade da marionete, isto é, em outras palavras, que dançasse.

Repliquei que o trabalho deste se me havia apresentado como algo bastante maquinal[4], alguma coisa como virar a manivela que toca um realejo.

> De maneira alguma [respondeu ele] ao contrário, os movimentos de seus dedos comportam-se em relação ao movimento dos títeres de forma bastante artificial, um pouco como os números em relação a seus logaritmos, ou a assíntota em relação à hipérbole.

Entrementes, expressou a crença de que também essa última fração do espírito, da qual falara, poderia ser removida das marionetes, que sua dança poderia ser inteiramente transferida para o reino das forças mecânicas e produzida por meio de uma manivela, tal como eu imaginara.

Expressei meu assombro em ver que atenção ele dedicava a essa modalidade de bela-arte, inventada para a plebe. Não só que a julgasse capaz de um desenvolvimento superior, mas que até ele próprio parecesse ocupar-se disso.

Ele sorriu e disse que ousava afirmar que, se algum mecânico (*Mechanikus*) quisesse construir-lhe uma marionete de acordo com as exigências que tinha em mente fazer-lhe, apresentaria uma dança, com o títere, que nem ele próprio, nem qualquer destro dançarino de seu tempo, inclusive Vestris[5], estariam em condições de igualar.

"Já ouviu falar", disse, enquanto eu, em silêncio, lançava o olhar para o chão, "dessas gâmbias mecânicas que artistas ingleses manufaturam para os infelizes que perderam suas pernas?"

---

4. Por razões óbvias, esta tradução de *geistlos* (literalmente "sem espírito", "insípido") é, neste caso, preferível.
5. A referência deve ser a Maria Teresa Vestris (1726-1808), de uma família de bailarinos, entre os quais um dos mais famosos no século XVIII foi Gaetano Vestris, irmão de Maria Teresa.

Eu disse: não, semelhantes coisas nunca me apareceram diante dos olhos.

Sinto muito [replicou] pois se eu lhe disser que esses infelizes dançam com elas, receio muito que não creia em mim. O que digo, dançam? A esfera de seus movimentos é, na verdade, muito limitada, mas aqueles movimentos que ainda permanecem sob o seu comando desenvolvem-se com uma serenidade, leveza e graça que pasmam todo espírito pensante.

Observei, brincando, que, sendo assim, tinha encontrado o homem que procurava. Pois o artista que estivesse em condições de construir uma perna tão notável seria indubitavelmente capaz de montar-lhe toda uma marionete, de conformidade com suas exigências.

Quais [disse eu quando o vi olhando para o chão, algo embaraçado] quais, neste caso, são as exigências que o senhor faz à sua mestria?

Nenhuma [replicou ele] que já não se encontre aqui: simetria, mobilidade, leveza; tudo isso, porém, em um grau mais elevado e especialmente segundo uma ordem mais natural dos centros de gravidade.

E que vantagem teria esse títere sobre dançarinos vivos?

Que vantagem? Primeiramente uma vantagem negativa, meu excelente amigo, isto é, a de que nunca seria afetado. Pois a afetação aparece, como o senhor sabe, quando a alma (*vis motrix*) se acha em algum outro ponto que não o centro de gravidade do movimento. Uma vez que o titereiro, na realidade, por meio do fio ou arame, não tem em seu domínio nenhum outro ponto exceto esse, todos os demais membros são, portanto, o que devem ser, mortos, puros pêndulos que obedecem à mera lei da gravitação; uma excelente qualidade, que buscamos debalde na maioria de nossos bailarinos.

Observe somente aquela dançarina P... [continuou] quando ela representa Dáfne e, perseguida por Apolo, volta-se para fitá-lo; sua alma está sediada na vértebra da espinha; ela se curva como se quisesse quebrar, qual uma náiade da escola de Bernini[6]. Observe o jovem F... quando, como Páris, ele se coloca entre as três deusas e entrega a maçã a Vênus: sua alma (é terrível olhá-lo) está sediada no cotovelo.

Tais enganos [acrescentou, interrompendo-se] são inevitáveis, desde que comemos da árvore do conhecimento. Sim, o Paraíso está aferrolhado e o querubim, atrás de nós; temos de fazer a viagem ao redor do mundo e verificar se [o Paraíso] não está, talvez, aberto, algures, por trás.

Eu ri. Certamente, pensei, o espírito não pode errar lá onde não existe espírito nenhum. Reparei, contudo, que ele tinha mais coisas no coração, e pedi-lhe que prosseguisse.

Ademais [declarou] esses bonecos têm a vantagem de serem antigraves. Nada sabem da inércia da matéria, esta propriedade é a mais antipódica à dança, porque a força que os ergue no ar é maior do que a força que os mantêm agrilhoados à Terra. O que não daria a nossa boa G... se fosse sessenta libras mais leve, ou se um peso dessa grandeza viesse ajudá-la em suas piruetas? Os títeres necessitam apenas do chão, como os elfos, para tocá-lo e revivificar o impulso dos membros, pelo instante de detenção;

---

6. Pintor, escultor e arquiteto italiano (1598-1680).

nós precisamos dele para repousar nele e nos recuperarmos do esforço da dança; um momento que evidentemente não é em si dança, e com o qual nada se pode fazer exceto fazê-lo desaparecer, se possível.

Eu disse que, por mais habilmente que conduzisse também a questão de seus paradoxos, jamais me levaria a crer que num manequim mecânico poderia haver mais graça que na estrutura do corpo humano.

Ele replicou que seria simplesmente impossível para o homem alcançar nisso, sequer aproximadamente, o manequim. Só Deus poderia, em tal terreno, medir-se com a matéria; e aqui reside o ponto em que as duas extremidades do mundo anular se interligam.

Eu me sentia cada vez mais espantado, e não sabia o que deveria dizer diante de asserções tão singulares.

Parecia [redarguiu ele, enquanto tomava uma pitada de rapé] que eu não lera com atenção o terceiro capítulo do Livro de Moisés; e quem não conhecesse esse período primeiro de toda a cultura humana, com tal pessoa não se poderia realmente falar sobre os subsequentes e, muito menos, sobre os derradeiros.

Disse-lhe saber muito bem que desordens na graça natural do homem a consciência preparava. Um moço do meu conhecimento, por um mero reparo, como que perdera a inocência diante de meus próprios olhos e em seguida nunca mais recuperara o paraíso desta inocência, a despeito de todos os esforços imagináveis. "Mas", adicionei, "que consequências pode o senhor extrair daí?"

Ele me perguntou a que incidente eu me referia.

Há cerca de três anos [contei] estava eu me banhando em companhia de um jovem, sobre cuja cultura então se difundia maravilhoso encanto. Poderia andar pelos seus dezesseis anos, e só de muito longe seria possível perceber, suscitado pelos favores das mulheres, os primeiros traços de vaidade. Acontecera que pouco antes, em Paris, havíamos visto o jovem que extrai uma estilha do pé; a moldagem dessa estátua é bem conhecida e figura na maioria das coleções alemãs. Um olhar que ele, naquele instante, ao pôr o pé sobre o escabelo para enxugá-lo, atirou ao grande espelho, o lembrou disso; sorriu e disse-me que descoberta efetuara. De fato, naquele instante, eu também notara o mesmo; todavia, fosse para comprovar a certeza da graça que o habitava, fosse para acolher sua vaidade de modo algo salutar, sorri e retruquei que ele estava provavelmente vendo espíritos! Enrubesceu e levantou o pé pela segunda vez para mo mostrar; mas a tentativa falhou, como seria fácil de prever. Confuso, levantou o pé uma terceira, uma quarta, levantou-o bem mais de umas dez vezes: em vão! Era incapaz de repetir o mesmo movimento. O que estou dizendo? Os movimentos que fazia tinham um elemento tão cômico que me foi difícil conter o riso.

Desse dia em diante, quase a partir do próprio instante, uma inexplicável transformação verificou-se naquele moço. Começou a ficar diante do espelho o dia inteiro, e um encanto após outro o abandonou. Um poder invisível e inexplicável parecia estender-se, qual uma rede de ferro, em torno do livre jogo de seus gestos, e decorrido um ano, não havia mais traço de encanto a descobrir nele, aquele encanto que tanto deliciara os olhos das pessoas que o circundavam. Mesmo agora, ainda vive alguém que foi testemunha do estranho e infeliz incidente, e que poderia confirmá-lo, palavra por palavra, como eu lho contei.

Neste ensejo [disse o Sr. C...], amavelmente, devo narrar-lhe outra história que, o senhor entenderá facilmente, também tem aqui o seu lugar.

Em minha viagem à Rússia, encontrei-me numa herdade de campo do Sr. de G..., um nobre livônio, cujos filhos precisamente então se exercitavam na arte da esgrima. O mais velho, especialmente, que acabara de retornar de uma universidade, considerava-se um virtuose, e certa manhã, em seu quarto, ofereceu-me um florete. Esgrimimos, mas sucedeu que eu era superior a ele; a paixão somou-se à sua confusão; quase toda estocada que eu desfechava lograva êxito e seu florete voou, ao fim, para um canto. Meio zombeteiro, meio sentimental, disse, enquanto o levantava, que encontrara o seu mestre; mas tudo neste mundo encontra o seu, e em seguida quis levar-me ao meu. Os irmãos riram-se às gargalhadas e gritaram: Avante! Avante! Ao barracão de madeira!, e me pegaram pela mão e me conduziram até um urso, que o Sr. de G..., pai deles, estava criando no pátio.

Quando, para o meu assombro, me vi diante dele, o urso estava em pé, sobre as patas traseiras, com o lombo encostado em uma estaca, à qual fora acorrentado, a garra direita erguida, pronta para tudo, e olhou-me nos olhos: era sua posição de esgrimista. Eu não sabia se estava sonhando quando me vi em face de tal adversário; mas, ataque, ataque!, disse o Sr. de G..., e veja se consegue derrotá-lo. Havendo me recobrado um pouco de minha perplexidade, investi com o florete contra o urso; este fez um ligeiro movimento com a pata e aparou o golpe. Tentei enganá-lo por meio de fintas; o urso não se mexeu. Tornei a acometê-lo com uma habilidade do momento; eu teria acertado o peito de um homem, infalivelmente: o urso fez um movimento muito breve e aparou o golpe. Eu me achava agora quase na posição do Sr. de G... A seriedade do urso era tal que chegou a roubar-me a confiança em mim mesmo. Estocadas e fintas sucederam-se, eu gotejava suor: em vão! Não só o urso, qual o melhor esgrimista do mundo, aparava todas as minhas estocadas, mas (e nisso nenhum esgrimista seria capaz de imitá-lo) nem sequer entrava nas fintas: olhos nos olhos, como se pudesse ler neles minha alma, permanecia ali parado, a garra erguida, pronto para tudo, e sempre que meus golpes não eram desfechados seriamente, não se movia.

O senhor acredita nessa história?

Perfeitamente [exclamei, com jubilosos aplausos] de qualquer estranho que viesse, dar-lhe-ia crédito, tão verossímil ela é; quanto mais vinda do senhor!

Pois bem, meu excelente amigo [disse o Sr. C...] agora está de posse de tudo o que é necessário para entender-me. Vemos que, à medida que a reflexão se torna mais obscura e fraca no mundo orgânico, a graça emerge aí tanto mais brilhante e dominante. Mas assim como a interseção de duas linhas, de um mesmo lado de um ponto, depois de passar através do infinito, encontra-se de súbito do outro lado; ou, como a imagem do espelho côncavo, após ter desaparecido no infinito, está de repente mais uma vez diante de nós, assim reaparece novamente a graça, depois que o conhecimento tenha passado como que por um infinito, de tal modo que, ao mesmo tempo, surge no grau mais puro naquela estrutura corporal humana que ou não tem consciência nenhuma ou tem uma consciência infinita, isto é, no manequim, ou em Deus.

Portanto [disse eu, algo confuso] precisaríamos comer de novo da árvore do conhecimento para recair no estado de inocência?

Naturalmente [respondeu ele] este é o último capítulo da história do mundo.

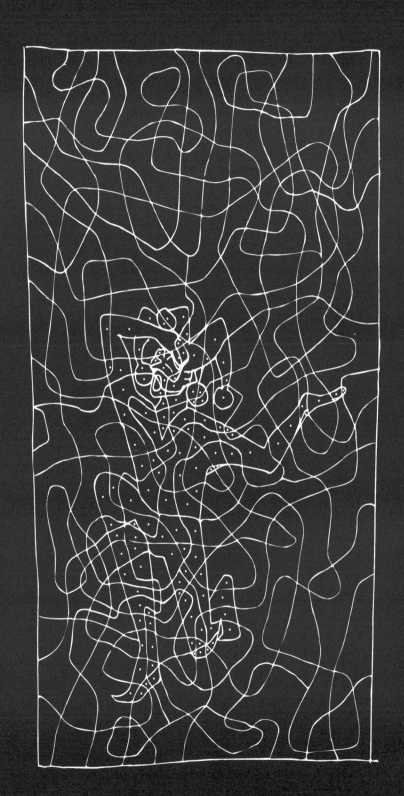

7. Nietzsche no Teatro

Primeira obra de Nietzsche, *O Nascimento da Tragédia* continua suscitando a mais viva atenção dos que fazem a arte e dos que pensam a arte e o homem. Em seu rastro de cento e vinte e dois anos*, os fogos da admiração entusiástica e da polêmica crítica não cessam de assinalar a sua passagem pelo pensamento e pela sensibilidade modernos. Se se perguntar pelas razões disso, muitas poderão ser as respostas igualmente válidas e que se colocarão nesta ou naquela relação com a reflexão ulterior do filósofo, com o debate de ideias no movimento filosófico e com o processo das artes em nosso tempo, com as críticas da sociedade e com as buscas de sentido e valores da existência.

Esse poder fertilizante e renovador é não apenas o de um discurso, mas também o de um texto. Pois se no foco de um e de outro está a irrupção genial de uma visão que, pretendendo remontar ao âmago de um passado da cultura e do espírito europeus, iluminou uma dialética fundamental na criatividade humana – a estética do *estar-aí* –, é certo que só a força poética da materialização verbal dessa análise e contemplação, ou seja, o feito do escrito, constituiu o outro fator de permanência criativa e instigadora da síntese operada.

Talvez por aí seja possível explicar por que, embora pertencendo a um estrato estilístico criticado e superado pelo autor, que em suas obras posteriores mostrou ser um dos maiores escritores da língua alemã, mas com uma forma de expressão bastante diferente da que registra

* Em 1995, quando da redação deste ensaio (N. do E.).

esse texto de estreia pública, *O Nascimento da Tragédia* não perdeu a sua capacidade de fascinar literalmente o homem do século XX com a música que vem do fundo de um estro ultrarromântico, mas que lhe fala do possível fundo arquetípico e onírico de suas vivências. Na verdade, propõe-se-lhe mais uma encarnação de Dioniso despedaçado na radiante unificação formal de Apolo. Com a sua sapiente e sibilina Pítia, Nietzsche transforma à sua esteira, na imaginação do leitor, petrificações sígnicas em pensamento vivo. Deucalião do espírito trágico, ele o faz reviver na sua potência transfigurativa. Morte e ressurreição, não apenas como evocação filológica de uma Grécia passada ou como uma exaltação musicológica de uma Alemanha futura. Trata-se efetivamente de reimplantar uma unidade mítica refeita em que o homem ressurgiria como obra de arte da vida. É o processo de superação de um logocentrismo dogmático do princípio da razão que, sob o sopro do *daimon* socrático e cientificista, exilou o ser humano no fenomenal, desligando-o de sua relação com o seu outro ser, o das profundezas de sua natureza. É claro que em *O Nascimento da Tragédia* o que está ainda em tela, sob esse ângulo, é a própria essência metafísica e schopenhaueriana da vontade. Mas, já aí, também, tem-se em núcleo a des-sagração dessa essência, a sua re-humanização na dramaticidade trágica da existência.

Não será exagero, talvez, pensar que o texto de Nietzsche realiza uma verdadeira tradução transcriativa, dando à abstração especulativa do processo da vontade e da representação o alento da carnação poética. E esta figuração, por certo, não é meramente literária, sendo moldada sobretudo pela dinâmica de suas ideias. Com a sua imagística, o eixo da análise desloca-se e o peso dos sentidos é transferido de uma visão metafísica para uma introvisão antropológica, sem que uma seja anulada pela outra. A copresença de ambas, entretanto, passa a ser vista do interior do ser humano, isto é, torna-se antropocêntrica, o que constitui uma das condições necessárias para a ação efetiva de Dioniso e Apolo e para a ocorrência do efeito trágico.

Por outro lado, o importante nessa *Anschauung* é que Nietzsche, independentemente das vinculações fatuais-históricas de sua interpretação da tragédia grega, abre, por seu intermédio, o espaço da interação concreta entre o visível e o invisível e restabelece, ao nível das culturas de nosso tempo, a necessidade de sondá-lo como experiência não apenas intelectual, porém como vivência sensível, para um real conhecimento do humano. E que outra coisa passaram a procurar, logo depois, a antropologia, a psicanálise e as artes, particularmente o teatro?

* * *

Não é para assistir como simples espectador que Nietzsche vai sentar-se no anfiteatro da *tragédia grega*. Não que o *espetáculo* como tal não o seduza nem lhe apraza. Mas o sentido de seu olhar não se esgota unicamente no jogo da sucessão de episódios e incidentes que forma, como enredo e narração, a superfície aparencial da encenação dramática. Tampouco a mera visão do mito trágico lhe basta. A sua mira está além. Busca dar-se em *representação* os atos originais e constitutivos do fenômeno trágico. Por isso mesmo não se satisfaz com a contemplação passiva e julga indispensável descer à *orkhestra* para integrar o coro visionário. Tenta ver aí o que este vê, durante a sua atuação ritual e cênico-oracular, na medida em que aspira discernir em sua protomanifestação o próprio ser daquilo que se faz visão, que se deixa ver.

Remetendo o seu ponto de vista à unidade de visão que teria antecedido à divisão do vedor em ator e espectador, Nietzsche revê, com o olhar interiorizado no transe do entusiasta satírico, o coro ditirâmbico dos sátiros – representação da primitiva multidão rústica dos celebrantes dionisíacos – no êxtase da representificação do deus. O espetáculo, pois, que se apresenta nessa fase do surgimento da tragédia, tanto aos oficiantes quanto aos participantes do cerimonial, tem realidade visional, mas não concretude material. É imaterial[1]. A cena trágica, restrita ainda à expressão e à evolução coral, projeta-se, na verdade, no palco interior da vidência. Imersão nas profundezas da existência, para além do ilusório do cotidiano, ela traz dos arcanos o soma do sofrimento e da dor universais feito figura de sua encarnação: Dioniso dilacerado e renascido, revela-se como imagem da alma na alma da imagem, dos coreutas. Como um todo, eles o sentem e o *veem*. Exultam nessa transvisão que os une no mesmo querer – o da vida, no mistério de sua eterna revivência. A exaltação dessa vidência comum tem de se exteriorizar. Ela jorra como cântico. Hino, que é também a voz do grupo na sua comunidade espiritual e social, na afirmação de uma vontade coletiva e na configuração de um imaginário específico cuja potência criativa assume a forma de uma mesma divindade que, na experiência de sua epifania, identifica a comunhão dos entusiastas.

Mas, em meio à embriaguez coral na *orkhestra*, Nietzsche começa a vislumbrar uma imagem na *skene* que o leva a deter-se, por um instante, em contemplação. Segundo momento do desvelar-se do teatro trágico na representação, para o olhar do filósofo, ele se consubstancia na materialização do deus em figura encarnada. Evidentemente, alguém, com intenção prévia ou não, assume o papel. Quer dizer, o ator como tal surge em cena. Isso, entretanto, não significa que o seu investimento seja visto como um desempenho de arte. Ele é Dioniso, e não uma máscara. A função ritual continua dominante. Trata-se, mais uma vez, de produzir como vivência do aqui-agora a imagem mística

---

1. Charles Andler, *Nietzsche: sa vie et sa pensée* (3 vols.), Paris, Gallimard, 1958, vol. 2, p. 38.

do deus. É o que os coreutas fazem, na sua exaltação sobretudo lírica e, com eles, a assembleia dos celebrantes. Dioniso não está no palco, mas no espaço real de sua metamorfose.

Não é preciso sublinhar a importância da transformação em termos teatrais. O fator que teria conduzido o processo, como *O Nascimento da Tragédia* sugere, seria o da conjugação entre os ditirambos entoados no primitivo culto popular e os rituais secretos acessíveis apenas a iniciados, supõe-se. Os efeitos empregados pelos oficiantes dos mistérios eleusinos para impressionar e persuadir os neófitos constituiriam o primeiro uso deliberado de meios cênicos.

Foram os sacerdotes que inventaram o teatro, como uma iniciação. Para romper o ascendente que o sacerdócio adquiria por essas iniciações secretas, os Tiranos tiveram, sem dúvida, a ideia de associar a multidão toda a mistérios celebrados à luz do dia. As Dionísias populares formaram o seu núcleo. O coro ditirâmbico substituiu o sacerdócio para dar ao povo o frêmito dionisíaco. Pisístrato encorajou Téspis[2].

Apolo começa, pois, a enformar as aparições de Dioniso no palco da Arte Dramática. Ainda que único a configurar-se, o deus despedaçado é, precisamente nessa qualidade e a ela superposta, submetido a um cinzel heroificador. A divindade permanece como objeto dos cânticos e das danças orgiásticas de seus crentes. Mas, ao mesmo tempo, o mito de sua paixão e ressurreição é narrado em forma personalizada pelo ator que o incorpora. Com um *páthos* que parece comunicar uma voz vinda das entranhas de um mundo subterrâneo, soa o drama de seu destino ante a multidão embevecida e com os olhos fitos no ídolo vivo, o intérprete que ele habita. É a primeira moldagem do herói trágico.

A objetivação da máscara dionisíaca instala no espaço ritual a arte do teatro. Efetivamente, é a partir dela e com o seu alento que se animam as *personae* heroicas do mito trágico. Nelas, Zagreu dilacerado refigura-se como em seus avatares. Está instaurado, pois, o princípio multiplicador da personagem dramática. De outro lado, por força do mesmo efeito insinua-se com mais nitidez a linha divisória entre palco e plateia, o que conduz o entusiasta e reconduz Nietzsche ao lugar de espectador no *théatron* para assistirem à representação do *hypocrites* em seu disfarce como "duplo" no espetáculo da tragédia. Nem por isso, entretanto, se desfaz o laço com a celebração religiosa. Esta permanece pulsante na emoção e na imaginação do entusiasta-espectador e ator, que agora, porém, começam a ter a seu serviço as criações do poeta-dramaturgo e de seu poder de diversificar os heróis simbólicos. Assim, o trágico vai se convertendo em tragédia e o espírito da música, percutindo as fibras mais recônditas do *trauerspiel* do deus-homem, transfigura-se na plástica teatral da individuação representativa.

2. *Idem*, p. 39.

A conciliação perfeita entre Apolo e Dioniso, da qual teria resultado a tragédia, encontra em Ésquilo e Sófocles a sua expressão canônica. Pelo menos é o que se afigura ao nosso espectador, agora apartado do coro ditirâmbico dos sátiros em transe de invocação e de posse de um saber, quanto às bases arquetípicas de sua introvisão, que lhe enquadra o olhar numa óptica mais crítica e distanciada. Em consequência, afloram os seus juízos de valor estético em face do repertório que o teatro grego lhe oferece.

A obra de Ésquilo é por certo a que mais se aproxima, em termos estruturais e estilísticos, do que seria modelar para essa apreciação. Ela assinalaria a composição quase ideal de elementos a que teria chegado o gênero trágico, na Hélade, com o primeiro dos grandes expoentes da tragédia ática. Isso porque, em sua elaboração, teria conseguido unir o desmedido da dissonância mítica e o harmônico da consonância estética e dar uma forma compatível e equilibrada à delicada relação dramática entre o coral e o individual, entre o lírico e o épico, entre o ditirâmbico e o dialógico. Com a concisão e a precisão apolíneas, de coluna dórica, teria retido, no seu caráter musical e oficiante, uma primordial inspiração dionisíaca. Um exemplo desse estro criativo na arte do trágico estaria em *O Prometeu Acorrentado*. O drama do titã que, por roubar aos deuses o segredo do fogo e o revelar aos homens, é condenado ao eterno sofrimento, mas continua a questionar em nome de uma ética cósmica o poder tirânico de Zeus, é visto por nosso espectador como a peça que melhor constrói o "pessimismo", isto é, a tragicidade. No confronto com o seu destino, o herói refaz simbolicamente os suplícios de Dioniso. Opondo a sua própria vontade aos decretos da vontade suprema, atua como se polarizasse o potencial de reação ativa do humano ante as imposições do sobre-humano, não obstante tudo o que sobre ele se abate. É verdade que o trágico em Prometeu é relativo, pois o protagonista pertence à esfera do imortal e sabe que não pode ser aniquilado, nem mesmo por seu implacável juiz. Ademais, na medida em que acredita estar a justiça de sua causa inscrita na ordem do universo e lhe parece inevitável o triunfo desta no curso do tempo, que tudo pode, inclusive contra Zeus, discerne-se na projeção esquiliana do mito prometeico uma ponta de razão e otimismo final no jogo da existência. Mas, sem dúvida, no conjunto do processamento dramático em que é exposto, sobressai-se a compacidade tipificada das personagens e a simplicidade emblemática das oposições conflitivas a tecer o cerrado padrão dilemático e agônico que caracteriza a obra de Ésquilo e que se acentua de algum modo quando confrontada com os dramas de Sófocles.

Não que o autor de *Édipo Rei* lhe seja inferior em efeito trágico. Nesse sentido, o seu impacto até que não é menor. Mas, ao ver de Nietzsche, há uma diferença que não é apenas de estilo. O trágico em Sófocles sofre uma inflexão que não deixa de afetar a natureza de sua expressão. Dioniso está presente, mas em outro nível, no plano da interioridade individualizada. É como se, por uma certa arte, ele se subjetivasse. Aí entranhado, manifesta-se na forma do sujeito, movido por sua dinâmica de incomparável intensidade pessoal. E é esta carga que, infundida no mito, modifica-lhe a economia dramática. Em seu quadro, a máscara mítica como que se flexiona e atenua a rigidez da configuração simbólica. Mais personalizado no semblante humano das razões de seus atos e das emoções de suas vivências, embora não chegue propriamente a psicologizar-se, a figura do herói baixa das alturas em que lhe era dado conhecer, com certeza teleológica, os ditames divinos e os da justiça cósmica. Relativizando-se, é acometido de cegueira, não só porque as paixões e os desejos lhe ofuscam a visão. Na verdade, continua a ver, e agudamente, as exterioridades, inclusive na complexidade das aparências, porém foge-lhe à vista, enquanto a possui, o que está por detrás, no cerne das coisas, conduzindo-as a seu destino. Essa vidência só lhe é restituída quando as realidades externas lhe apunhalam os olhos. Como o cego Tirésias, torna-se vidente. Édipo conhece absolutamente os limites da condição humana. Então abre-se-lhe o caminho da salvação que é o do apaziguamento das fúrias pela catarse do sofrimento. O filho de Laio está em Colono.

Que em Sófocles a forma da tragédia grega chega ao outro paradigma clássico é um descortino inclusive de nosso crítico, ele que, de seu lugar na plateia, continua a rastrear, com olhos wagnerianos fitos em Ésquilo, o espírito da música na representação do drama. Desde logo, pelo próprio viés de sua busca, privilegia, no concurso dionisíaco, a "glória" prometeica da ação transgressora e do sacrilégio redentor, o que não o impede de distinguir, ao lado, a "glória" edipiana da santa passividade e da recompensa metafísica. Esse reconhecimento é taxativo, apesar das reservas que lhe suscita tal espécie de trágico, de sensível contenção apolínea na estatura do herói que sua visão projeta, na natureza da lição que sua experiência enseja e na qualidade do discurso que sua dialética promove. De outra parte, tampouco deixa de considerar, em Sófocles, a mestria que organiza a operação dramática. Ele a examina em seus principais elementos e procedimentos, pondo a render quase tudo o que *A Poética* oferece à análise da tragédia e reporta acerca de *Édipo*. Mas ele o faz a seu modo, com um enfoque bem diverso do aristotélico, porquanto o construto formal não lhe interessa como tal, mas somente como mediação para a essência do trágico. A sua questão está em discernir até onde e em que medida as funções e as partes do drama dão lugar e vazão ao fluxo do dionisíaco. Daí, com efeito, deriva o padrão pelo qual a peça sofocliana não recebe o laurel máximo, apesar de incluída no cânone do gênero. Essa exemplar ensambladura apolínea só é magistral, para Nietzsche, porque nela se expressa uma sábia composição entre as possibilidades da representação externa, ao nível da poesia trágica, e as necessidades pulsionais da interioridade, ao nível da experiência mística, que aí atingiriam um limite máximo de exteriorização e teatralização compatíveis com o espírito da tragédia. De fato, o que vem agora à cena como virtude inigualada na tragediografia grega é a consciente arte de plasmar o invisível no visível, o musical no plástico, o poético no cênico, o dramático no teatral, em figurações individualizadas e nomeadas como personagens de desenho inteiramente estético e, no entanto, de pulsação ainda essencialmente mítica. O próprio coro se faz *persona*. Sua voz ditirâmbica integra-se no diálogo das interlocuções dramáticas. E o mistério do deus é agora revelação da poética do artista. O ciclo de maturação da forma da tragédia está concluído, e inicia-se, para o nosso filósofo na plateia, cada vez mais anelante da cena ritual e cada vez mais crítico do ritual da cena, a tragédia da decadência da forma trágica no teatro da Hélade.

O primeiro ato desse drama, que é o da perda de conteúdo dionisíaco e o da enervação da tragédia como gênero, desenrola-se quando o seu espectador passa a deparar-se consigo próprio no palco.

Vindo para assistir a mais um espetáculo das metamorfoses de Zagreu, segundo o espírito da música no coral de suas invocações, eis que, para o seu espanto e agrado, em vez da divina máscara do mito, a sua face real de homem comum se lhe apresenta tal qual, como máscara de si mesmo. E o que mais o intriga é ver-se tão à vontade no papel. Nem parece disfarce de ator. É como se desde sempre o tivesse desempenhado. Nunca imaginara que pudesse falar com tanto desembaraço e propriedade. Os argumentos e o modo de apresentá-los não perdem em inteligência e sutileza para os melhores oradores da assembleia nem para os mais argutos sofistas da ágora. Além de tudo, são pensados como ele pensa e são ditos como ele diz. Isto é, perderam aquele tom altissonante de oráculo e aquele furor irracional de desvario. Sua voz deixou de ser unicamente a da paixão cega nas insensatas peripécias do herói. Tornaram-se razoáveis. Agora condizem com o mundo de todo o dia em que ele, como o restante do público a seu lado, vive. A sua imitação no palco é verdadeira e, no entanto, é teatro de verdade. Pela primeira vez, sente-se representado no drama ático. Orgulha-se de sua figura e de sua cidadania teatral. O autor da peça é, sem dúvida, um talento sem par. Ninguém até então, no *ágon*, fora capaz de uma tal obra. Que seja concedida a Eurípides a coroa do triunfo de Ésquilo e Sófocles!

No teatro de Eurípides, Nietzsche identifica o ponto de inflexão do processo que conduziu ao esvaziamento da tragédia grega e ao advento da Comédia Nova. Muito embora consigne um tardio arrependimento ao gênio criador de *As Bacantes*, atribui-lhe, em face das dramatizações tidas como as mais expressivas do tragicismo helênico, pelo menos quatro pecados capitais: a épica desmitificada, o realismo mimético, o socratismo crítico e o otimismo cientificista.

Neles se conjuram as soluções que Eurípides dá às suas perplexidades de dramaturgo diante do teatro de Ésquilo e Sófocles e as respostas que encontra para as suas perguntas de pensador no debate de ideias de seu tempo. Vale dizer, portanto, que constituem os fatores marcantes de uma nova "tendência" não só da arte teatral, como da própria cultura grega. Com a sua intervenção, ao juízo de nosso crítico, a paixão dionisíaca é excisada de sua representação e o nervo vital do auto ditirâmbico deixa de latejar. Duplo *daimon* tem esta operação: o poeta é aqui porta-voz de si mesmo, de suas propensões artísticas, cujo apolinismo radical e isolado de sua contrapartida dionisíaca recusa-se à insondabilidade e ao horror trágicos no drama musical, em nome de uma estética iluminista; e, ao mesmo tempo, fala por sua boca o filósofo racionalista, que esgota no conceito e na lógica o conhecimento e a verdade do ser. Eurípides e Sócrates são, pois, na perspectiva de *O Nascimento da Tragédia*, duas faces da mesma máscara, que é, no entanto, primordialmente, a do Sofista. É ele que, "demônio" dialético de uma razão crítica, se apresenta no areópago como demiurgo de uma nova consciência estribada na ciência e no poder do intelecto; é ele que, em nome de suas "luzes", repudia como absurdo íntimo do existente o seu caráter ilusório e aparente; é ele que, ao sopro ilustrado de "uma cultura, uma arte e uma moral totalmente distintas"[3], precipita o gênio trágico da Grécia e a representação misteriosófica de Dioniso no limbo do não ser. Mais do que uma criação original do espírito trágico, o repertório euripidiano é uma genial sofística dramatizada da campanha ideológica da "corrosiva" *Weltanschauug* socrática, considera o nosso "cismático" espectador.

A seu ver, a tragédia perde nesse teatro a sua substância própria e passa a subsistir apenas como sombra de si mesma. Parecendo corresponder ao preceito platônico acerca da arte, aliena-se numa como que aparência de seu gênero. Reflexo de reflexo, sua representação, dessacralizando-se, destragifica-se e converte-se em pura visualidade especular sem espessura interior. Pois, o que ainda havia restado do fundo trágico nas mãos de Eurípides, esfuma-se com os seus epígonos.

A avaliação nietzschiana desse processo não foge muito, aqui também, das categorizações e das hierarquizações aristotélicas, se bem que, mais uma vez, o acento principal não incida na forma. Assim, em sua descida temática às medianias da realidade cotidiana e suas intrigas, o drama grego deve baixar também de gênero, mesmo porque, para mimetizá-las, não pode dispensar a mescla do cômico. Não se trata evidentemente da Comédia Antiga em molde aristofanesco. Os poetas da Comédia Nova não têm mais emprego para essa "sublime" irmã orgiástica no tripúdio dionisíaco, nem para o mito heroico da alta

---

3. Cf. *O Nascimento da Tragédia* (Trad. J. Guinsburg), São Paulo, Companhia das Letras, 1993, p. 85.

tragédia. O melhor de seus registros está no tragicômico, às vezes, com forte traço melodramático ou farsesco.

Tais consequências de gênero e estilo derivam, naturalmente, para o nosso crítico, do curso degenerativo a que se viram submetidos o conteúdo e a essência da tragediografia clássica. Desse modo, o novo ditirambo ático, observa ele, já não expressa em sua música a interioridade primordial, mas nela apenas reproduz, e de maneira insuficiente, a exterioridade fenomenal, numa imitação mediada por conceitos[4]. Também, na nova forma de representação, o epicismo romanesco, moral e didático impõe-se ao lirismo trágico no estro do teatro. A intriga amorosa, a crítica dos costumes, as relações de família, a tipificação dos papéis, o retrato urbano, pintados com humor e laivos de melancolia, em tom menor, por personagens sempre características, mas com incisivas intervenções de peripécias e actantes secundários, são as reverberações do espelho cênico. Nem inteiramente trágica nem inteiramente cômica, a moldagem dramática concentra-se antes na natureza privada dos caracteres que plasma. O comportamento pessoal, a posse de riquezas materiais, o desfrute egocêntrico dos prazeres dos sentidos e uma certa disposição hedonística do espírito iluminam as motivações humanas desse teatro. Nele desaparece a aura transcendente da tragificação heroica. Por tudo isso, a "justiça poética" passa a arbitrar os decretos da justiça cósmica, a certeza do epílogo feliz toma o lugar do consolo metafísico e os prodígios do deus vivo são substituídos pelos artifícios do *deus ex machina*.

A máquina teatral, visivelmente eventrada, exposta em suas manipulações, urdindo os equívocos e os estratagemas da comédia dos erros e das astúcias, sobreleva-se nas dramatizações dessa nova arte. Agora, o palco é ocupado essencialmente pelo aparente. Não só a *skene* ganha proeminência em relação à *orkhestra*, destacando mais os desempenhos individuais na Comédia Nova e no teatro helenístico, como o coro, nas peças de Menandro, por exemplo, deixa de ser o portador da visão mítica e de seu substrato dionisíaco, incumbindo-lhe apenas uma função lúdica e decorativa, a de entretenedor coreográfico e lírico dos entreatos. De outra parte, na medida em que a recepção do espetáculo teatral desata o seu vínculo com o entusiasta orgiástico e se desloca para uma apreciação mais centrada no gosto pessoal, o novo público só tem vistas para uma representação feita de exteriorizações miméticas e empenhada em seduzi-lo com o jogo artístico da aparência como transparência e da ilusão como realidade. A imagem dramática se lhe fecha no espaço do palco. O além que lhe caberia revelar como ponto abismal de introvisão, vela-se.

O teatro daí resultante, uma das raízes do drama moderno, não se constitui em um produto com validade intrínseca, para Nietzsche. A seu

4. *Idem*, pp. 104-105.

ver, falta-lhe impulso passional, música do ser e vocação metafísica. Suas manifestações parecem-lhe traduzir a evidência mesma de que, a esta altura, os gêneros alimentados pelo tragicismo ático estão mortos e de que o próprio espírito originário da cultura helênica se extinguiu. Em seu lugar, julga, o gênio do socratismo euripidiano começa a articular os elementos do estilo operístico. Embora só tenha vindo à luz no Renascimento, ele teria sido carreado desde aquelas fontes helenísticoalexandrinas. As relações seriam flagrantes, ao menos é o que se coloca ao nosso espectador que, ao trocar o seu lugar na arquibancada do anfiteatro pela poltrona no teatro à italiana, não sabe como esconder a decepção e se põe a querer entender, em função de seus paradigmas, o novo espetáculo a que assiste. Ali está o homem teórico, produtor de construtos abstratos, inartístico em sua forma de expressão, revestido de uma requintada pele de sátiro, a dialogar na lírica do *bel canto* com gentis mênades pastoris, no quadro de uma arcádia idílica, promessa deliquescente de um desenlace feliz e certeza utópica de uma existência ideal para o destino terreno da criatura humana. Esse teatro, imitação do mundo fenomenal, desprovido de sopro ditirâmbico, exercício do *savoir-faire* artificioso e do saber sem emoção, que exibe a sua superficialidade imagística e melódica na plástica pinturesca do recitativo, do *stilo rappresentativo* e da música descritiva, a *Tonmalerei* de uma linguagem desmitificada, de sonâncias harmônicas, na qual não há mais lugar para a efetiva dissonância trágica. Eis a ópera, a essência da cultura moderna, na audição wagneriana de Nietzsche.

Tal caracterização crítica é naturalmente a contrapartida dialética de um discurso restaurador que se propõe a recuperar, para o contexto da vida moderna, as virtudes estético-existenciais da primitiva Hélade. Isso exige, crê o filósofo, que se resgate da vacuidade operística a arte de nosso tempo. Ela não pode ficar à mercê dos produtos decorativos e desvitalizados que atendem às preferências de uma opinião pública formada por "críticos" profissionais, da imprensa e da academia, e por "amadores" diletantes. É mister que, em repristinada comunhão no sonho e no êxtase, seus impulsos mais genuínos sejam revivificados e suas representações mais intrínsecas voltem a consagrar a verdadeira metafísica da vida. Que é possível fazê-lo já o indicavam as obras de Palestrina, de Bach e, mais ainda, as de Beethoven, no plano musical. Somadas às de Shakespeare, no teatro, elas falam da presença recorrente das antigas potências do gênio criador grego. Mas, para o nosso germânico invocador dos avatares de Dioniso no engenho de Apolo, só uma reencarnação plena do trágico e do lírico na esfera simbólica do mito poderá tirar realmente o drama de sua estiolada e banalizada forma na cultura da ópera e devolver-lhe o espírito vital de sua inspirada origem, restabelecendo a relação orgiástica e participativa com um autêntico receptor "estético". Nesse sentido, seria singular o papel destinado ao estro alemão. Posto a ressoar por Nietzsche já no "coral de Lutero", primeira melodia do cortejo festivo da música alemã e penhor do "renascimento do mito alemão"[5], a sua vocação dionisíaca teria alcançado uma expressão maior, de natureza lírico-dramática, na síntese wagneriana da *Musikdrama*.

É verdade que o nosso jovem e patriótico admirador deste gênero de teatro não o propõe, em termos explícitos, como remate de um percurso histórico-estético, nem o liga, expressamente, às realizações de Wagner. Mas suas expectativas são claras e suas sugestões também. Não há dúvida de que a análise das condições de "nascimento" da tragédia tem em vista sobretudo as de seu "renascimento", uma palavra que, pelo contexto aqui envolvido, remete inequivocamente à proposta do drama musical e às criações de seu paladino artístico e ideológico. Trata-se de um ponto de mira não só do estudo sobre *O Drama Musical Grego*, um dos pequenos escritos preparatórios, como da própria reflexão sobre *O Nascimento da Tragédia*. De outra parte, porém, mesmo na época em que escreveu esse ensaio, quer dizer, quando estava no auge da atração pelas propostas do compositor, a ópera wagneriana não parece suscitar entusiasmo irrestrito em Nietzsche. Em seu texto, ao menos, ele não lhe dá nenhum realce particular e em momento nenhum se detém para encará-la como tal, de qualquer ponto de vista. Se bem que mencione, por razões várias, peças como *Os Mestres Cantores de Nürenberg*, *Lohengrin*, e *Siegfried* seja objeto de duas alusões, só demonstra interesse palpável por *Tristão e Isolda*. É como se essa obra se lhe apresentasse de algum modo, dentre toda a produção de Wagner até então, como a mais próxima de sua visão do *Musikdrama*, de uma renascida tragicidade grega.

No entanto, *Tristão e Isolda* tampouco é motivo de avaliação crítica. Nietzsche limita-se a retirar daí elementos para ilustrar a sua argumentação sobre a interação entre o dionisíaco e o apolíneo. Mas justamente nesses exemplos, surgidos quase ao fim do ensaio, ele aponta para a adequação dos registros musicais e imagísticos na linguagem lírico-dramática dessa ópera da morte e do amor. A lenda medieval, levada a uma romantização extrema de seus simbolismos e reciclada no filtro do pessimismo schopenhaueriano, teria dado ensejo a que a essência do trágico adquirisse representação correspondente e se concretizasse na proposta revolucionária da arte wagneriana. O "drama musical" realizaria assim a sua destinação estética: ser um espetáculo, não da pura interioridade do sujeito, contemplada somente com os olhos do espírito, porém da visão interiorizada das metáforas simbólicas das forças vitais da existência humana, presentificada pela invocação sensível e pela vivência imaginativa dos espectadores.

Vê-se que, já em *O Nascimento da Tragédia*, o wagnerismo de Nietzsche não poderia ser o dos deslumbramentos que iriam pre-

---

5. *Idem*, p. 136.

valecer, pouco tempo depois, em Bayreuth. Apesar de ter apoiado calorosamente o projeto artístico e a construção do teatro, de tê-los mesmo discutido com Wagner e sua mulher, não haveria como incluí-lo no rol dos admiradores da teatralidade que marcaria o estilo desse festival e levaria ao delírio a multidão de adictos. A expectativa cênica que reponta em seus comentários críticos é de outra natureza. Para o nosso aficionado helenista, ela não radica apenas no fato de o ideal do teatro como arte encenada estar no anfiteatro da tragédia grega. O novo *Musikdrama* pode e deve reatualizar aquela antiga capacidade de representação agônico-musical. E, muito mais do que de teatralizações grandiloquentes de *mise-en-scène* ou de suntuosidades cenográficas embasbacantes, o teatro de seu inebriado universo mitopoético, germânico no caso, deve encenar-se apoiado também em um renovado espaço interior de recepção imaginativa. Em última análise, a cena de um tragicismo recuperado em sua plena dimensão e potência não é somente uma questão de estilo e tendência, quer dizer, de emissão artística, e não basta descartar-se da superficialidade representativa da mímese naturalista e dos efeitos operísticos. O público deve, de algum modo, ser reconduzido ao coral da *orkhestra* ou, no mínimo, ao pódio da imaginação. Assim, paralelamente ao intento de restituir, através do drama musical, a magia do sonho e do mito no palco cênico, reconsagrando em nova forma a aliança das duas divindades geradoras do fenômeno teatral, Nietzsche propõe devolver ao espectador na plateia o êxtase do entusiasta e seu poder de introvisão.

Com isso o filósofo toca, sob roupagens helênicas e wagnerianas, em uma das questões fundamentais do debate teatral do século XX. De fato, ao lado da abertura do palco à imaginação criadora e à exploração encenante nas fronteiras poéticas do inverossímil, a preocupação com o público e a natureza de suas relações com a representação dramática constituiu uma das constantes no temário das sucessivas correntes e concepções artísticas surgidas na cena contemporânea. De Appia, Gordon Craig, a Meierhold, Artaud e Brecht, e independentemente do impacto que *O Nascimento da Tragédia* haja exercido no pensamento destes promotores da renovação estética da arte dramática, a inversão do foco tradicional, quase sempre centrado na emissão, reaparece, em diferentes configurações, mas com o mesmo alvo – a ampliação do espaço imaginativo da audiência para uma efetiva recepção participativa da linguagem de um novo teatro.

É claro que tal participação não é só um estado de espírito, mas também de cultura. E é precisamente nessa revolução dionisíaca da vida moderna que se consubstancia a pré-visão de Nietzsche. Trata-se, para ele, de instaurar uma nova cultura trágica onde a arte, retornada às fontes de seu impulso metafísico, poderia reassumir o seu papel no jogo estético da existência. Das profundezas hediondas do sofrimento e da morte, voltaria a jorrar, em imagens radiantes e sublimes ilusões, a trágica musicalidade do homem às voltas com o seu fado e, na contemplação prazerosa e na conciliação consoladora, ele recobraria o poder de vivenciar-se e mirar-se na plenitude de seu ser e seu devir. Nesta perspectiva, a proposta da síntese orgânica na *Gesamtkunstwerk* e, de sua projeção como *work in progress*, a da obra de arte do futuro adquiririam o sentido de uma totalização utópica da vida pela arte, com o espetáculo de sua celebração e de sua tragédia em cena.

Em vista do que o nosso espectador, tão longamente sentado na sua poltrona, diante do teatro de sua contemplação, desperta e abre os olhos...

8. Uma Operação Tragicômica do Dramático: O Humorismo[1]

Pode parecer, à primeira vista, que o texto de Pirandello seja uma discussão sobre a natureza geral do humor, a sua diferença com a categoria do cômico entendida como abrigando somente as suas formas extremas, tais que a farsa, a burla, a paródia grosseira, a linguagem macarrônica, bem como um mapeamento da presença mais ou menos acentuada do traço humorístico na literatura italiana. De fato, é o que o ensaio pirandelliano faz ao tratar extensamente desses tópicos, defendendo, inclusive polemicamente, uma profunda revisão não só dos fundamentos estéticos – como ocorre na brilhante arguição das ideias de Croce, em particular – mas também, em geral, da conceituação histórico-literária e retórico-aristotélica vigente na crítica peninsular da época em que o trabalho foi escrito. É o caso, por exemplo, da recusa que o ensaísta opõe aos que, sob a influência das teorias críticas de Taine e outros, veem formas de qualificação estética em atributos etnoculturais, como seja o *esprit* francês, a *ironie* alemã e o *humour* inglês. Do ponto de vista atual e das abordagens exegéticas que o traduzem, este modo de ver a questão só pode ser aplaudido, ainda que, na argumentação do autor, se faça sentir, por vezes, o sabor de um nacionalismo politicamente bastante em voga na época, mas que talvez milite até contra o internacionalismo ou o universalismo que observa no gênio artístico e na disposição humorística não só dos italianos como de todos os povos.

---

1. Publicado em *Pirandello do Teatro no Teatro*, São Paulo, Perspectiva, 1999.

Mas estes aspectos talvez não sejam os mais notáveis do discurso que o sagaz e combativo crítico desenvolve com a sua grande argúcia e não menor erudição. Algo bem mais relevante está embutido em sua exposição. Sábato Magaldi, em seu estudo sobre a estética de Pirandello[2], faz ver, com muita justeza, o quanto algumas das principais peças do dramaturgo estão ligadas às concepções sustentadas na reflexão sobre o humor. E este entendimento é confirmado não só pela referência direta ao ensaio por um dos interlocutores de *Seis Personagens à Procura de um Autor*, como pelo teor de vários argumentos apresentados em outros textos teatrais do mesmo escritor.

Na verdade, não será exagero dizer que toda a teoria dramática de Pirandello, tantas vezes por ele exposta de modo tão original e artístico em suas obras dramatúrgicas, encontra na metalinguagem do estudo sobre o humorismo a sua versão formal apropriada, como se o autor desde sempre trabalhasse com o instrumental estético e filosófico posteriormente teorizado ou, ao menos, com padrões por ele moldados e perfeitamente definidos. É claro que a sua arte contém muito mais do que modelos objetivados e acabados. Não fosse assim, suas discussões sobre a realidade da vida, a realidade do teatro, o realismo e o real *tout court* não poderiam provocar, ao nível de uma comunicação meramente ficcional do teatro no teatro, a interrogação encarnada existencialmente em tantas de suas personagens e transmitida a tantos de seus receptores (espectadores e leitores) e, ao mesmo tempo, envolver estes no fascínio das existências dubitativas que aqueles deixam em seu rastro.

Mas, de outro lado, não há dúvida de que Pirandello, já por sua formação e pela própria natureza de seu teatro, elaborou analiticamente as principais chaves de sua poética de criação. A pessoa como *persona*, como máscara de si mesma, como forma que define a sua personagem no jogo do ser não sendo do homem; a identidade que é, ao mesmo tempo, o velar-se da ficção para o revelar-se do real no irreal pelos atos de realização dramática da obra teatral – são alguns dos operadores postos em cena para flagrar a ambiguidade e a ambivalência essenciais do *self* e de sua autorrepresentação no fluxo anímico de sua existência fenomênica. É o teatro no teatro que faz da vida do palco o palco da vida. Compreende-se, pois, que seja inerente à obra pirandelliana uma estética visceralmente fenomenológica e que esta se apresente como tal, ao menos no universo das peças, quando se efetua a leitura das concepções a elas subjacentes em termos de uma metalinguagem das mais sutis e mais profundas, inclusive como corpo teórico. Nesse sentido, o pensamento que preside a sua arte é também uma reflexão sobre o modo de ser desta, e não é de surpreender que se encontre em

---

2. "Princípios Estéticos Desentranhados das Peças de Pirandello sobre o Teatro", em *O Cenário no Avesso*, São Paulo, Perspectiva, 1977 e *Pirandello do Teatro no Teatro*.

O Humorismo uma teoria do tragicômico ("o senso do contrário") como fundamento do grotesco, da existência que desestabiliza o *ontos* das criaturas, e que se realizem aí representações exemplares do *Assim É (Se lhe Parece)*. Por isso mesmo, cabe considerar a dramaturgia pirandelliana no conjunto, e especificamente o texto sobre o humor, uma indagação das mais penetrantes na insustentável pesantez de ser das colocações tradicionais e um ponto de partida, como Tchékhov o foi, de uma nova percepção de um teatro dramático capaz de enfrentar ontológica e fenomenalmente o contraditório da criatura, da psique e da vida dos homens. É certo que o enfrentamento com as duplicidades, as ambiguidades anuladoras das essências, como em *Esta Noite se Representa de Improviso*, tem sido perseguido por outras vias e em outras versões cênicas desde o início do século XX. Mas Pirandello foi um dos que, genialmente, o descortinaram no próprio fundo do teatro tradicional, de seus estereótipos melodramáticos e cênicos, pela trama dos contragolpes do humor.

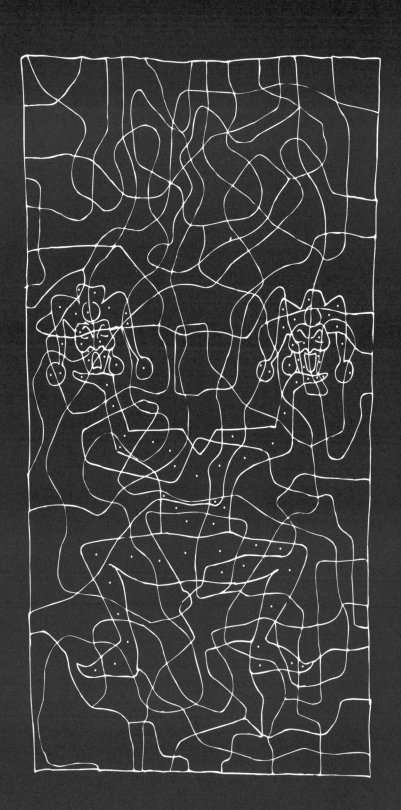

9. Vanguarda e Absurdo: Uma Cena de Nosso Tempo

   Leonard C. Pronko começa o seu livro sobre o *Teatro de Vanguarda* por uma tentativa de precisar o que seja "Vanguardismo" e "Vanguarda" no Teatro Moderno, concluindo que sua essência reside sobretudo na negação, no inconformismo, no fato de estar nunca satisfeito com os critérios estabelecidos e aceitos e estar sempre em experimentação e pesquisa. É difícil dizer até onde é válida tal caracterização. Ao próprio Ionesco, que afirma em *Notes et Contre-Notes*: "Prefiro definir a Vanguarda em termos de oposição e ruptura", ela poderia parecer insuficiente, na medida em que, em outros momentos, considera a Vanguarda como meio de "retomar a verdade esquecida e de reintegrá-la inatualmente no atual". Em todo caso, não se pode deixar de reconhecer que ela é prática e cômoda, já que permite reunir sob uma denominação comum tendências e nomes bastante díspares entre si e inseri-los em um jogo de atrações e repulsões, de semelhanças e diferenças, que constituem um *continuum* passível de ser historicizado como epocal.
   É hoje ponto pacífico que se há um pai do Teatro de Vanguarda é ele Père Ubu. A peça de Jarry é a primeira a fixar desafiadoramente, bombasticamente, com toda a virulência antifarisaica e antiburguesa do humor boêmio exacerbado até o grotesco, a revolta do escritor contra a sociedade e contra as formas consagradas, não só da dramaturgia classicista e da norma culta, tão eivadas de artificialismos, quanto do teatro realista e naturalista, tão propenso ao trivial e ao imitativo. E parafraseando a genealogia bíblica, poder-se-ia dizer que Ubu gerou

As Tetas (surrealistas) *de Tirésias*, que gerou *Victor, ou Les Enfants au Pouvoir* e, nesta linha, de gerador em gerador, através de Roussel, Cocteau, Ribemont-Dessaignes, do Cartel des Quatres (Dullin, Pitoëff, Jouvet e Baty) e, sobretudo, de Artaud e de seu Teatro da Crueldade, escalpelo da pele burguesa e filtro mágico da vitalidade metafísica, *pour en finir avec le théâtre*, chegaríamos a *A Cantora Careca* e a outros rebentos atuais da mui insigne estirpe de *Ubu Roi*.

O que há de realmente em comum entre os membros da ubuesca família? Entre o irlandês Beckett, o romeno Ionesco, o flamengo Ghelderode e os franceses Genet, Tardieu, Vautier? Pelo menos determinada atitude geral e certos antecedentes, se se considerar esta primeira leva, que precede o inglês Pinter e os *angry young men*, o espanhol Arrabal, o americano Albee, o alemão Gunther Grass, o tcheco Havel e o israelense Nissim Aloni, entre outros. A atitude é aquela cuja raiz tem em Paris um de seus filamentos vitais e se nutre, particularmente na década de 1940, isto é, nos "anos terríveis", da derrota francesa e da ocupação nazista da França. Popularizada como existencialista, expressou-se ela marcadamente na "escola" de Sartre, Camus e Merleau-Ponty, que a teorizou em torno de princípios como o absurdo da vida humana, a alienação do homem em coisa, fonte da náusea, a incomunicação da linguagem e a solidão humana, a inexistência de uma natureza humana em geral e a necessidade de escolher-se, princípios estes que são outras tantas notas e contranotas a ressoar tematicamente nessa vanguarda toda, embora muitos de seus participantes declinem de qualquer laço mais estrito com a filosofia propriamente existencialista. Quanto aos antecedentes, são aqueles que, preparados na cozinha antropofágica do modernismo, vieram a constituir uma rica tradição de recusa anárquica do conformismo massificador e dos padrões *soi-disant* burgueses, de crítica radical às imposições preconceituosas da cena verista, de re--apropriação dos espetáculos parateatrais e populares, como o circo, a pantomima, o *vaudeville*, a *Commedia dell'Arte*, as procissões e os rituais, de realce ao plástico e visual no palco; todos estes elementos confluindo para a arte de movimentos como os do simbolismo, futurismo, dadá, cubofuturismo, expressionismo e surrealismo[1].

Se essas e outras afinidades, sobretudo a da "teatralidade", revelam que a reunião de conjunto não é tão promíscua quanto poderia parecer à primeira vista, evidencia ao mesmo tempo que não implica "escola", nem deveres de estrita obediência. Muito pelo contrário, o que lhe é típico é precisamente a aversão a codificar métodos e a regrar a inspiração. Suas experiências são demasiado pessoais para não marcar em demasia os seus meios de expressão com individualismos

---

1. Poder-se-ia estender a relação para além do que algumas correntes críticas mais recentes têm chamado de "modernismo histórico" e chegar, inclusive, ao "pós--modernismo", que elas postulam.

irredutíveis nos quais a busca da originalidade, nem sempre bem-sucedida, chega a extremos. Não é, pois, sem razão que alguns críticos se recusam a designar os dramaturgos que vieram a triunfar por volta de 1950, em Paris, com um teatro sobretudo do não senso, como "Escola de Paris", "Geração de 50" (Beckett e Ghelderode começaram a escrever nos anos 20), "Novo Teatro" ou mesmo "Teatro do Absurdo", denominação que o livro homônimo de Martin Esslin quase oficializou. Seria impor-lhes vínculos muito orgânicos. "Vanguarda", pelo caráter geral e ambíguo, pelas conexões históricas do termo, parece a Pronko um nome mais indicado para qualificá-los. Tanto mais quanto dá, de pronto, a força de choque de um teatro ou "antiteatro" que, por via de identificação ritualista ou distanciamento desmistificador, estende de Babel ao Éden, da visão anárquica ao vislumbre utópico de nossa existência, os seus assaltos ao tradicionalismo.

À frente dessa tropa em ordem desunida, duas figuras colocam-se irresistivelmente. Beckett e Ionesco. Se *Esperando Godot*, ao surpreender em 1953, como só Pirandello surpreendera nos idos de vinte com *Seis Personagens à Procura de um Autor*, abriu a brecha para o novo repertório, a obra de Ionesco, que desde 1949 se batia junto às rampas parisienses, alargou-a com raro poder "destrutivo" e penetrou amplamente a praça teatral. E não padece dúvida de que o êxito de ambos foi decisivo para o restante da Vanguarda, não só porque, pondo-a em cartaz, tirou-a da quase clandestinidade dos pequenos teatros experimentais, mas também porque demonstrou – e isto parece importante – que sua ordem de preocupações, que sua visão da arte e da vida, da sociedade e dos homens, por discutíveis que o sejam, e elas o são por princípio, não constituem elucubração ou divertimento de capelinhas de "eleitos", formalistas ou decadentes, como foram acusados, correspondendo às indagações, às inquietações de uma plateia burguesa e/ou proletária, cujo número e realidade estavam mais do que comprovados pelas bilheterias dos teatros "nacionais" e "populares", ao menos na Europa capitalista e socialista. Se isso debilitou ou não a energia militante desta Vanguarda, a sua audácia revolucionária e o seu "vanguardismo", se com isso ela foi sequestrada, enquadrada, "envolvida", neutralizada, como pretendem certos críticos, fixados principalmente na incorporação internacional desse repertório e na evolução de um Ionesco, por exemplo, ao trocar a negação cômica do senso de afirmação, em suas primeiras peças, pela afirmação trágica do senso de negação – eis uma questão que continua tendo grande atualidade crítica e que merece, por certo, tratamento à parte. Seja como for, a verdade é que, graças a Beckett e Ionesco, esse problema se tornou um problema.

* * *

Mas o que lhes permitiu alcançar tal ressonância? O que traz o teatro deles como visão e estrutura? Vejamo-lo rapidamente. Ambos se fundam em um absurdo existencial subjacente à condição humana. Beckett, porém, que encara a vida como vácuo e tédio, sem alvo nem rumo, em que o homem está condenado à eterna espera sem esperança de uma significação que lhe dê sentido, põe o acento principalmente na tomada de consciência desse sofrimento prometeico da criatura exilada entre as coisas e exposta ao suplício da vacuidade, do não senso, ao passo que o autor de *A Lição* se preocupa com o esvaziamento e a desintegração das formas significativas, convertidas em máscaras grotescas a afivelar-se à futilidade, ao caos e ao absurdo. Em um como em outro, uma consciência que se coloca como absolutamente lúcida e capaz de olhar o "monstro" de frente, decidida a ir às últimas consequências, maneja "cruelmente" as armas do humor e da ironia, a redução cômica ao mecânico, a fim de provocar por contragolpe, como "intuição do absurdo", o vislumbre da armadilha fatídica em que, segundo ela, fomos apanhados, do horror que espreita a existência enredada em um universo hostil. Hostilidade de ausência por falta de respostas às necessidades da criatura, por absenteísmo de uma Divindade cujo dever mínimo seria o de estar aí, em Beckett, hostilidade de presença, por ameaça que invade todos os redutos do homem, por assédio cada vez mais compacto da matéria, em Ionesco, é ela uma espada de Dámocles eternamente suspensa sobre a condição humana, tal como Beckett e Ionesco procuraram representá-la. O quadro resultante, carregado por falta ou por excesso, tragicômico, é espectral. É o mundo das aparências, da caverna, mas sem essências que possam fundamentá-lo com uma "razão" de ser, sem um sol que, embora ofuscante, ilumine. Nele, a luta é sem amanhã e a solidão irremediável. O indivíduo, desamparado pela História e pelo Mundo, está só diante de si e do vazio. Não lhe resta sequer a infinita distância do Deus do *Eclesiastes*.

Semelhante visão é por certo contestável, mas nem por isso, como diz Pronko, é menos sincera e ninguém pode acusar Beckett e Ionesco de quererem "escapar à realidade, refugiando-se em um mundo de magia e ilusão". Muito ao contrário, o seu objetivo é precisamente o de "desiludir", desmistificar, e da maneira mais cabal possível em teatro, isto é, com uma coerência, uma sinceridade, que põe em jogo e em causa não só o fundo como os meios. A verdade artística de suas peças, onde a verdade do natural, do cotidiano, da evidência comum, do real realista, é profundamente questionada, não poderia assentar-se em estruturas dramáticas convencionais, de algum modo comprometidas com as unidades aristotélicas e o projeto da mímese verista, sobretudo com o seu tempo real, contínuo, sucessivo, e com o seu espaço fechado, tridimensional. Para plasmar com autenticidade, sem golpes teatrais mas apenas de teatralidade, a visão de um "antimundo" em que a imagem do homem é a do "herói negativo que não age mas é coagido", na expressão de Anatol Rosenfeld, seriam requeridos novas dimensões e novos aprofundamentos. O conjunto desses recursos, descontado o que há de peculiar a cada autor, é que veio colocar-se sob a égide do prefixo "anti": antipersonagem, antilinguagem, antidrama, antiteatro.

O termo "antiteatro" sobretudo fez carreira, passando a designar frequentemente a nova tendência. E é curioso que seja esta uma das formas mais expressivas para nomeá-la. Pois, se o nome dado deve ser interpretado *stricto sensu* e se a partícula antitética que contém deve ser por sua vez negada, é certo que o novo drama se afirma assim, de chofre, radicalmente outro, em face do "teatro". E o é. Principalmente na medida em que, "farsa metafísica", "comédia cosmológica" ou "teatro ontológico", ele rompe com o realismo externo e com o raciocínio discursivo e tenta, como o formula o autor de *Teatro de Vanguarda*, "criar um universo dramático ou poético que se dirija, como o teatro de cerimônia primitivo, a um nível mais profundo do homem".

Nesse sentido, explorando as possibilidades do método metafórico, que considera instrumento tão capaz de captar a verdade, "a realidade", como não importa qual outro meio realista, promove a revalorização da apreensão mítica do mundo e, portanto, o retorno às fontes do teatro. Tal "regresso", no fundo tão longe da origem quanto a última volta de uma espiral infinita poderia estar da primeira, resulta do fato de que o homem atual, dotado do poder de criar e destruir mundos, faz-se quase um deus, estando capacitado mais do que nunca a gerar mitos sobre si próprio. Pelo menos é como o crítico francês Lebesgue fundamenta o moderno modo mítico no teatro, que, manifestação do mistério da transubstanciação, ou seja, a do homem tornar-se em cena o que ele próprio não é, sucederia a dois outros modos, anteriores: no primeiro, o ser humano procura invocar e imitar os deuses, é o da tragédia; no segundo, ele se volve para si mesmo e se põe no umbigo do mundo, é o da comédia. Vale acrescentar que, no terceiro, o nosso, o homem continua nucleado em si, mas acresce à horizontalidade autocontemplativa uma verticalidade trágica, o que dá a este modo um caráter tragicômico, por excelência.

Válida ou não, esta tripartição desnuda, além do entranhado antipsicologismo e antinaturalismo do novo teatro, a sua paixão metafísica e o seu acendrado gosto pelo metaforismo. Para dar plenitude dramática à luta que lhe parece vital, e sem quartel, entre a veemência do desejo humano e a recusa universal, para propor com "crueldade" as apaixonantes equações – de Artaud – entre o Homem, a Sociedade, a Natureza e os Objetos, para lograr graus de consciência e universalidade inacessíveis aos meios veristas de representação, que a simples percepção e o "bom senso" tomam como um *non plus ultra* da cognição, ele apela para a força da sugestão. Teatro da sugestão, que nasce por curtos-circuitos das palavras, das imagens, dos símbolos que se propagam e se chocam através dos hiatos estruturais, é ele sobretudo, por ser moderno, relativizado, centrado no ponto de vista do homem atual, herói anti-heroico – um teatro de elipse, em que a carência enriquece, em que a omissão é presença, o silêncio é voz, a abstração é figura, o mito é realidade...

Quem diz teatro mítico diz certamente tempo mítico, ritual, cuja "duração" cíclica condiciona uma revelação ou "instante de verdade". Em Beckett e Ionesco, com seus desenvolvimentos dramáticos "esburacados", discretos, verdadeiros pacotes de cenas cheios de silêncios, o tempo real parece mutilado, interrompido, suspenso. Mais do que isso, na circularidade das peças de Ionesco ou na imobilidade "recorrente" das de Beckett, não é difícil surpreender, não um ciclo vital, vinculado a uma eternidade significante, mas, ainda assim, no seu próprio movimento de suspensão e separação, um grande momento de revelação da "verdade", da sabedoria: a iluminação do absurdo, de um mundo de anonímia mecânica, em Ionesco, e de um universo desamparado pela divindade, em Beckett.

Prosseguindo nessa ordem de ideias, poder-se-ia fazer farta colheita na obra dos dois dramaturgos. As suas personagens, por exemplo, se não se situam no mesmo plano da tragédia clássica, tampouco se localizam ao nível da vida cotidiana. Seria impossível visualizá-las ao nosso lado, na plateia, ao mesmo tempo que não podemos desprendê-las de nós, como nossos possíveis "simulacros". É como se fossem transcendentes a nós, mas ao nível fenomenológico, e como expressão transcendental, sem atingir altura metafísica. Elas surgem já "estigmatizadas" de tal forma pelas deformações ou pelos eventos de que são pacientes, que à medida que nos aproximamos delas por empatia a sensação fatídica nos afasta delas; com o signo do *fatum*, que nos impede de tomá-las como gente "nossa", trazem também a sugestão de que devem representar algo além de sua identidade e de nossa identificação. Mas encerremos esse esboço de uma possível mitologia em Beckett e Ionesco, com a consideração de que eles, afastando-se dos valores superficiais da velha carpintaria teatral, como o suspense (que se faz expectativa metafísica), a intriga muito ramificada (que é reduzida à simplicidade extrema da trama transcendente), os temas de interesse corriqueiro (que se convertem na carantonha ontológica do Nada), orientam-se no sentido do reencontro dramático com as profundezas abismais da existência no homem, cuja *arqué* já minava poderosamente desde o teatro antigo, nas tragédias de Ésquilo.

* * *

A dimensão transcendente insinuada, implicada, subentendida na terrena, é condição da tragicomicidade desse repertório. Contudo, o meio efetivo de realizá-la consiste em um tratamento original – a originalidade da Vanguarda – dos elementos tradicionais do drama. Assim, em Beckett a intriga está na intrigante falta de intriga. A ação não se desenrola e, se há conflito, ele não é de vontades, falta-lhe espontaneidade geradora e, portanto, não tem movimento real nem desenlace possível. Se, nesse caso, encontramo-nos num mundo como o de Parmênides (há quem prefira invocar o atomismo de Demócrito), mas às avessas, preenchido pelo nada, sem um possível ponto de referência, de apoio, para um "progresso" de fato, no caso de Ionesco, sobretudo em sua primeira fase, a situação é genuinamente parmenidiana. O seu universo é tão pleno de matéria que não oferece "lugar" para o movimento concreto. Estática, a peça beckettiana cria intensidade por acumulação de depressão, ao passo que o autor de *O Novo Locatário* se vale, para chegar a como que um clímax, da intensificação emocional levada ao paroxismo álgido. Não obstante, se as personagens ainda se nos afiguram à nossa semelhança, em Beckett, em que se apresentam sentimentalmente carregadas, melodramáticas, com atitudes e gestos humanos, sofredoras, dubitativas, movidas por esperanças e desenganos, que de algum modo atingem a nossa simpatia, em Ionesco somos brutalmente colocados em face do esgar do não eu, anguloso, obsessivo, cego e obtuso, o não eu que nos quer negar, a nós e ao nosso eu.

É claro que o elemento mais sintomático, porque o mais expressivo, dessa dramaturgia, é a linguagem. O problema está em saber se suas personagens falam realmente, ou melhor, em que medida elas falam. Com efeito, o que Beckett e Ionesco põem na boca dessas *dramatis personae* é inusitado. No primeiro, que tanto deve ao fluxo de consciência proustiano, ao monólogo interior joyciano, a articulação da frase não é totalmente atingida, mesmo quando chega aos automatismos de *A Última Gravação*, pois a desintegração é nele, antes de tudo, física e moral, processando-se *sob* a superfície verbal. A locução como tal permanece mais ou menos intacta, mais ou menos coerente, conquanto haja perdido a sua função maior, a de servir de meio de interlocução, de diálogo entre as personagens que se falam, mas, no cerne, não se comunicam de fato; isso porque falta à linguagem delas, roída e esvaziada em seu substrato, um verdadeiro operador sintático, um sujeito universal capaz de garantir as relações intersubjetivas e interligar palavras e orações com vistas a uma verdadeira finalidade e, com isto, infundir-lhes um sentido. Assim, embora completas, as sentenças beckettianas, sempre em busca do conciso, do elíptico, permeadas de bruscos claros, e pelos repiques das repetições, já são tomadas de rigidez. Mas em Ionesco o cadáver começa a virar caveira... A decomposição, em adiantado estado, opera francamente à superfície verbal. Os automatismos – tão a gosto surrealista – as repetições *ad absurdum*, as sílabas desconexas, os tiques e os apoios de linguagem, as deformações gramaticais, os clichês e as tiradas pisadas e repisadas irracionalmente desarticulam as frases, tornando-as um agregado de "mal-entendidos" e pondo a nu os seus pobres e equívocos ossos.

Poder-se-ia dizer, como Sartre sobre os poetas, em *Qu'est-ce que la littérature?*[2], que Beckett e Ionesco se "recusam a *utilizar* a linguagem" enquanto simples conjunto de *signos*. A seu modo, também eles procuram substantivá-la, coisificá-la, de forma a obter através da palavra-objeto ou da frase-objeto um análogo, uma imagem especular do mundo, embora a queiram e a vejam em negativo, decomposta e mesmo desintegrada em seu núcleo objetivo. Contudo, o peso que atribuem ao vocábulo é sem dúvida o poético. Beckett emprega este recurso principalmente para, à maneira simbolista, com seus espaços de quietude e súbitas coalescências, sugerir e sugestionar. Se a condensação é um de seus meios preferidos, em Ionesco ocorre o contrário: em vez de algumas palavras que ocultam muitos sentidos, as palavras multiplicam-se mascarando a falta de sentido e o vazio. Formam uma espécie de *jazz-band*, sincopada, frenética, estridente, a martelar mecanicamente o seu ritmo desvairado, como no famoso final de *A Cantora Careca*:

> Monsieur Smith: – Kakatoès, kakatoès, kakatoès, kakaktoès, kakatoès, kakatoès, kakatoès, kakatoès, kakatoès, kakatoès. Madame Smith: – Quelle cacade, quelle cacade, quelle cacade, quelle cacade, quelle cacade, quelle cacade, quelle cacade, quelle cacade, quelle cacade, quelle cacade. Monsieur Martin: – Quelle cascade de cacade, quelle cascade de cacade, quelle cascade de cacade, quelle cascade de cacade, quelle cascade de cacade, quelle cascade de cacade, quelle cascade de cacade, quelle cascade de cacade, quelle cascade de cacade, quelle cascade de cacade. Monsieur Smith: – Les chiens ont de puces, les chiens ont de puces. Madame Martin: – Cactus, Coccyx!, coccus!, cocard!, cochon! *Madame Smith*: – Encaqueur, tu nous encaques.

É um delírio retórico, em que as palavras se multiplicam, proliferam, por uma espécie de metástase, atacando por sobrecargas as estruturas da linguagem. E ela estala, desaba, sepultando sob os seus escombros a viabilidade de nossa apreensão racional do mundo e a própria eventual racionalidade deste. A porta que foi assim arrombada dá, pois, em última análise, para o Nada, que é o que Ionesco tenta surpreender com o seu trabalho de sapa contra o discurso lógico. Como para Beckett, para ele também vale em boa parte o pressuposto de que, se é possível, criar certo impacto, certa sensação, estes nunca vêm sós, estando sempre acompanhados por outros tantos efeitos complementares que são, no caso, a sugestão de ilogicidade e vacuidade que percute no plano vocabular e repercute no metafísico.

Vemos que o modo predominante nessa dramaturgia é o indireto. O que o autor pretende transmitir, o foco ao qual visa o seu texto, o contexto de suas preocupações, não aparece à primeira vista, nem de

2. *Situations II*.

maneira isolada, no que se chamou tradicionalmente ação, caráter ou diálogo. Em cada um desses elementos a função "anti" ressalta. Já não cabe falar de "mensagem" , de moral da história, na acepção do termo, e em comunicações imediatas. Tampouco se pode pensar em "chave" que abra a compreensão de simbolismos bem arrumadinhos, à disposição da ociosidade, em um plano bastante próximo ao visível, ao alcance do menor esforço. Se há gratuidade, ela é de outra ordem. De fato, para o bem ou para o mal da peça de Vanguarda, só no fundo, bem longe, como uma abertura para o além, é que o tema ou sentido se revelam como tais. Mas aí é preciso "empenhar" a totalidade dos elementos representáveis, os símbolos, os gestos, os movimentos (em Beckett), as coisas, os esquematismos, os cenários (em Ionesco), para arrancar-lhes o "invisível". Só depois de percorrida visualmente a gama das variações do motivo, depois que o espetáculo realizou o seu poder de teatralização, é que se esboça como sugestão o seu potencial de significação, a sua possibilidade de evidência.

Tal procedimento importa, sem dúvida, em obscuridade. Não se trata apenas, como se diz frequentemente, de imprecisão *pour épater le bourgeois*. Ela vem antes, em que pese a atitude que possa implicar, do método usado por ambos. Metafórico, poético, como já vimos, é ele por natureza indireto, aberto, atuando por reverberação. Essa via, entretanto, que pretende ser do espírito, e para o espírito, não procura deliberadamente a ocultação e, sim, a expressão. Por óculos escuros, tenta ver claro na realidade humana, como na observação de um eclipse. Acredita mesmo captá-la no essencial, por entre a ofuscante opacidade "objetual", com uma clareza de evidência... nas presas de suas metáforas tragicômicas.

Caberia indagar ainda até que ponto essas imagens dramáticas logram o seu propósito. Se toda imagem é, como diz Sartre em *L'Imaginaire*, um ato de consciência, nada havendo naquela que esta não tenha de certo modo posto nela[3], cumpre ver no caso que nos preocupa o que foi colocado nela. Não estaremos perante a imagem, não do homem no mundo, mas de *um* homem em *um* mundo? Em outros termos, não será o retrato pintado, traçado do particular disfarçado em geral, a figura de nossa existência em nossa época, vista em negativo, com fumaças de universalidade? E, sendo que toda consciência está em situação concreta no mundo, devendo este ser-no-mundo "a cada instante servir de motivação singular à constituição do irreal"[4], aquela que presidiu à elaboração do repertório de Beckett ou de Ionesco não terá sintetizado não só a situação concreta de uma dada consciência, mas também a consciência de uma dada situação concreta? Não se poderá

---

3. "Ora posso guardar tanto tempo quanto eu queira uma imagem diante de minha vista; jamais encontraria aí outra coisa exceto o que pus", *L'Imaginaire*, p. 20.
4. *Idem*, p. 236.

ver na obra de ambos a má consciência de uma dada estrutura social, de suas relações objetivas e subjetivas, de sua falta de perspectiva real para solucionar seus conflitos e da ideologia dessa falta de perspectiva? Não é de se crer. E pode-se tomar ao pé da letra a declaração de Ionesco:

> Eu não tenho outras imagens do mundo afora as que exprimem o evanescente e a duração, a vaidade e a cólera, o nada ou o ódio hediondo, inútil. É assim que a existência continuou a se me afigurar. Tudo apenas confirmou o que eu vira, o que eu compreendera em minha infância: furores vãos e sórdidos, gritos súbitos sufocados pelo silêncio, sombras se abismando para sempre na noite.

Para Beckett, nos termos de Beckett, sua interpretação pautar-se-ia por visão análoga. No teatro de ambos pode-se ver um comentário sobre a condição humana, discutível, mas que a envolve como totalidade, e tanto mais válido artisticamente quanto capaz de desencadear inúmeros efeitos sutis e inovadores na cena teatral, inclusive o de distanciamento, sem que, como diz Pronko, "sejamos no caso repelidos – como no brechtiano – pela moral demasiado evidente de um evangelho social..." Restaria fazer a crítica da crítica.

* * *

Já é hoje indiscutível que a arte de Beckett conseguiu criar, ao lado do teatro convencional, e a despeito dele, uma máscara teatralmente válida para o antiteatro e, *grosso modo*, pode-se dizer que ela é pelo menos bifronte, na medida em que cada um desses dramaturgos configura com sua obra, como tentamos precisar anteriormente, aspectos fundamentais do novo drama. Como costuma acontecer, tal essencialidade de Beckett e Ionesco é, em parte, função do próprio êxito que alcançaram e que leva a polarizar em torno deles as tendências do Teatro de Vanguarda, convertendo-os em pontos de condensação para um possível modelo interpretativo deste. Mas isso é uma outra questão. O que nos interessa por ora é reconhecer que, embora, na perspectiva multíplice do atual, semelhante caracterização biforme seja bastante problemática pelo que importa de rígido e esquemático, ela já é de serventia, permitindo situar de maneira aceitável outros autores vanguardistas, que nem sempre sofreram influência direta de Beckett ou Ionesco, e que, muito ao contrário, talvez os tenham até influenciado. As suas duas faces, que envolvem maior ou menor aprofundamento subjetivo ou afloração objetiva, encantação poética ou desmistificação crítica, movimentação dramática ou paralisação plástica, ressaltam com nitidez em Arthur Adamov e Jean Genet.

Adamov, que em anos posteriores evoluiu no sentido da peça de denúncia e de compromisso social de inspiração brechtiana, em sua primeira fase tentou, mais do que qualquer outro, traduzir em termos dramáticos rigorosos as concepções teatrais de Artaud. Sobretudo nas obras sobre o pesadelo da existência num estado totalitário, como *A Paródia*, *A Grande e Pequena Manobra*, *O Sentido da Marcha* e, de forma mais atenuada, em *A Invasão*, em *O Professor Taranne* etc., isto é, no conjunto, até 1953, propõe ele, rejeitando todo e qualquer recurso à psicologia e utilizando a cena como um espaço a preencher, um teatro despojado a um extremo de anacoreta. Expurgado de todo artifício retórico, de toda guirlanda "teatral", de toda *mise-en-scène*, procura esse repertório, com a máxima "crueldade", radicalmente, a exclusiva "visibilidade" simbólica e a significação metafísica. O Grand Guignol, do qual procedem as antipersonagens adamovianas, fantasmas mecânicos que perdem seus membros como se fossem dentaduras, serve de fogo purificador nesse "festim da destruição" das convenções teatrais, se não a do próprio teatro...

O que resulta é uma peça absolutamente antiteatral, com desenvolvimento – se é que a palavra tem aí algum nexo – retalhado, episódico, "parado", em que o verbo, esterilizado em seu poder comunicante, incapaz de lançar qualquer ponte para o "outro", mesmo que seja de campanha, e de encetar o menor diálogo, arrasta-se inane em meio a uma atmosfera saturnina, a um mundo de pesadelo e loucura. Já não apenas acabrunhado, oprimido pelo não senso, alienado espiritualmente, porém insensatamente mutilado inclusive em sua semelhança humana, inteiramente desfeito, "desfigurado", espectro de sua própria abstração espectral, o homem-personagem não só não pode mais monologar sobre o mal-entendido, a angústia existencial, como nem sequer pode emitir um grito de dor. Adamov sufoca esse grito, essa "expressão" mínima e básica, depois de recolhê-lo em Kafka, Strindberg e nos expressionistas alemães. Sacrifica-o no altar da pureza visual, da plasticidade, que absorve todo calor humano. A solidão, a distância e a mitologia do absurdo são aí levados ao acme. O distanciamento faz-se alheamento total. E, eliminado o mínimo de uma possível "comunhão" ou ligação qualquer, de uma faísca "simpática", por breve que seja, capaz de desencadear a realização do "ato" teatral, palco e plateia encerram-se cada qual em hermético *huis clos*.

Talvez seja por esse seu caráter extremado que o teatro de Adamov se viu conduzido a um beco sem saída, diante do qual só lhe restava a solução da retirada. O próprio Adamov, analisando seu primeiro estádio, considerou-o limitado pela natureza vaga das cenas, pela simplificação exagerada das personagens (reduzidas às vezes a simples números), pela excessiva carga simbólica das situações e pelo emprego desmesurado dos arquétipos. Pronko, que fala em "defecção para o teatro social", não só endossa esta autocrítica, como julga que "foi o erro de Adamov o de recusar certos elementos essenciais que diferenciam o drama de outros gêneros, para melhor acentuar a importância de um elemento que não é o mais essencial". E acrescenta contra a frieza intelectual, antiemotiva e plástica de Adamov, nesta etapa: "Toda revolução teatral fundada unicamente nos elementos visíveis do teatro será necessariamente uma revolução parcial (e provavelmente abortará) pela simples razão de que o teatro é muito mais do que um espaço a preencher [...]" – ponto de vista com o qual Peter Brook por certo não irá concordar, pelo menos em princípio, como se evidencia desde o *Empty Space*.

A mais ligeira observação da "vanguarda" teatral, sobretudo do que se poderia apelidar de sua Escola de Paris, depara-se continuamente com o nome daquele que preceituava "romper com a linguagem para atingir a vida"[5]. Na verdade, a cada passo que se dá nesse domínio, em face de cada autor que o tenha explorado, a inspiração e as ideias de Antonin Artaud vêm direta ou indiretamente à baila. Ele foi e é cada vez mais – como influência viva e aos olhos da análise – uma espécie de *daimon* e de hierofante da nova maneira de ser do teatro.

Assim não é de espantar que seja preciso mencioná-lo também ao se mencionar a obra dramática de Jean Genet. Com efeito, a quem mais, se não a Artaud, pode evocar "esse reflexo de reflexo que um jogo cerimonioso poderia tornar raro e próximo do invisível", esse "teatro alusivo" vazado na celebração religiosa, no ritual, no simbolismo e na sugestão metafórica, tal como é propagado no conhecido prefácio de *Les Bonnes*? Não é inevitável, quase, pensar-se – já pelo plano especular – no "jogo perpétuo de espelho que vai de uma cor a um gesto e de um grito a um movimento [que] nos conduz incessantemente, por caminhos abruptos e duros, para o espírito"[6], nesse teatro da "crueldade", das imagens físicas violentas, que moldado, como o oriental, em elementos das práticas mágicas e de feitiçaria, fascina a sensibilidade, hipnotiza-a, e produz catárticos "transes, como a dança dos Dervixes e Aissuas [...]"[7]?

Parece-nos, pois, cabido, nesse caso, como no de Adamov, referir-se a Artaud. Mas a cada um desses oficiantes inspira ele outro tipo de rito: a Adamov uma "missa branca", ao passo que a Genet uma "missa negra", invertida, um sabá, em que por malfeitos, por obra da Perversão, tenta-se invocar o Absoluto. É efetivamente noturno, endemoninhado, o mundo que as "artes" de Genet encantam do fundo, do *bas-fond*, sobre a clareira da vida, o palco. A marginalidade no que ela tem de mais contundente aí comparece.

Contudo, essa "comunhão" de "fora-da-lei", dedicada ao culto do irracional e do subterrâneo, em que aparentemente só o desvario é lei, não constitui, segundo Pronko, "um Estado anárquico, mas um Estado tão rigidamente organizado quanto o mundo que habitamos, na maior

---

5. *Le Théâtre et son Double*, Prefácio, p. 13.
6. "Sur le théâtre balinais", *op. cit.*, p. 67.
7. "En finir avec les chefs d'oeuvre", *idem*, p. 88.

parte". Ele se rege por uma hierarquia – escalonamento de valores ao revés, mas nem por isso menos determinado – em cujo topo, qual ídolo sobre o seu pedestal, ergue-se a figura do assassino. Solitário em sua cela e em seu destino, que assume totalmente, até o extremo fim, quase invisível aos olhos dos "outros" mas onipresente nesse universo de trevas, sobre o qual projeta a sua terrificante sombra, é ele como que a sua deidade implacável. Não menos eleito pelo mal, igualmente tocado pela graça negra do crime e da morte iminente, porém mais próximo talvez do "rebanho", o santo-criminoso pode ter outra encarnação, fazendo-se uma espécie de deus-filho, como em *Haute Surveillance*. Aí, pela vida de três detentos e de suas ações no quadro da prisão, os vários graus de marginalidade e as relações que Genet lhes atribui, são vivamente iluminados à luz ritual e "Yeux Verts, magnificamente belo e indiferente, figura o Cristo (Boule-de-Neige, o invisível deus-pai) nesta missa invertida, em que Lefranc desempenha o papel de padre e Maurice (o efeminado) o de vítima sacrificial".

Trata-se, como vemos, de autêntica ordem orgiástica, estabelecida com o fito de celebrar maniqueisticamente a religião do Mal. Mas em suas cerimônias teatrais, ou nesse teatro de cerimônia, há outro mistério que é também exaltado: o da identidade entre ilusão e realidade. *Les Bonnes*, *Le Balcon* e *Les Nègres* desenvolvem um jogo de espelhos, pelo qual focalizam o tema da realidade, em uma rede vertiginosa de reverberações que acabam por ofuscar as identidades reais, aniquilando-as, ou melhor, realizando-as no imaginário. Nessa incessante reflexão, em que o homem alcança o seu verdadeiro modo de ser (e com ele o direito à morte), na medida em que consegue ver-se especularmente como a essência de seus sonhos e impor esta representação aos outros, a imagem verdadeira é produto de um espetáculo falso, como é dito em *Le Balcon*. É o espetáculo do espetáculo, no qual "cada ator deve desempenhar o papel de uma personagem que desempenha um papel" (Sartre).

Um teatro nestes termos, ritual fúnebre da "vida como ela é", exprime certamente profunda recusa. Não só social como existencial. De fato, não se poderia ver nele apenas um protesto contra as condições materiais ou a organização de uma sociedade. Isto existe no teatro de Genet, mas é quase sufocado sob uma voz bem mais intensa, que diz respeito ao espiritual e ao metafísico: a do anseio de pureza, de absoluto. É a impossibilidade de acolhê-la, de satisfazer o seu apelo – como o provaria o malogro de "nosso" mundo – ao nível positivo dos valores consagrados, que leva talvez "o buscador de ouro", o eterno alquimista sob a máscara de dramaturgo, a procurá-la por via travessa no "fundo poço", com a ajuda dos deuses dos ínferos, no festim da inversão. Aí, a velha tentação da imagem do absoluto incita uma nova mágica, a do absoluto da imagem. Assim, o desafio à ordem vigente, à sua ética, faz-se ao mesmo tempo desafio à ordem estética do drama convencional. E, desenvolvendo-se como cerimonial quase puro, "como as cerimônias vudus, como as celebrações de Dioniso [...] este teatro ritual fala uma linguagem inaudita há séculos sobre a cena europeia". O espetáculo abeira-se da *função*, a que aspirava Artaud.

* * *

A linha de análise adotada a propósito de Adamov e Genet é extensiva, como já mencionamos, aos demais autores da Vanguarda. Mas ela permite caracterizá-los com base particularmente nas questões de forma. Uma outra abordagem possível é a que os agrupa sob um prisma de preferência temático. É o que Pronko faz no capítulo dedicado a Tardieu, Vauthier, Pichette, Ghelderode e Audiberti. Para tanto vale-se de dois conceitos, o da nossa moderna Babel e a do feliz Éden do passado ou futuro, em função dos quais estabelece a Vanguarda toda de tal modo que, se traçássemos uma linha imaginária entre ambas, "um dos extremos poderia portar os nomes de Ionesco, Adamov, Beckett, Tardieu e Vautier; o outro o de Schéhadé. Algures no intervalo poder--se-ia situar Genet... Pichette, Ghelderode e Audiberti".

Babel e Éden representam aqui posições polares quanto à visão do mundo. No primeiro, símbolo do caos, da confusão de linguagem, de desacordo entre sujeito e objeto, predomina o "homem cativo", ser desintegrado, esmagado sob uma ambiência de chumbo, de opacidade, entregue ao horror obsessivo de sua solidão, à dor eterna, à miséria e à morte; mesmo que guarde alguma lembrança de uma idade de ouro, esta não passa de sentimento vago, confuso, ininteligível, do tédio, do *spleen*, da angústia abismal da criatura irremediavelmente desterrada no universo do não senso. No segundo, o homem, ser essencialmente nostálgico, subsiste contudo como totalidade no quadro de um universo que para ele ainda tem sentido e do qual, embora já esteja exilado, ainda consegue ouvir o apelo significativo, que é talvez o chamado de um paraíso perdido, a visão lírica de um mundo da pureza, do imaginário da infância, ou a projeção utópica de uma futura idade da perfeição.

No *Théâtre de chambre*, de Tardieu, Babel prevalece: em suas peças, tratadas como composições musicais de um só tema, o humor – sob a forma de paródia, de absurdo, de galimatias – e a angústia – sob a forma de pesadelo, de incongruência, de silêncio – comparecem igualmente como tintas de um quadro que pretende fixar a eloquência do mutismo e a inadequação do homem ao mundo. Já em Vauthier esta condenação à morte e à incompreensão se propõe como hipérbole grotesca e por vezes barroca. As palavras formam espessa vegetação, carregada de rara e exuberante florescência lírica, mas que se estende à beira de um abismo, junto ao qual se digladiam e no qual acabam por se precipitar os antagonistas ou, melhor, os protagonistas do drama. *Le Capitaine Bada*, *Le Personnage Combattant* e *Les Prodiges* são teatro de uma luta sem quartel e sem amanhã entre o homem e sua interioridade, desta com a linguagem e a expressão; todas essas peças são percorridas por um grito, o de fracasso na busca de um absoluto, seja ele "de beleza, de Deus, de poesia, ou simplesmente *da* palavra entre as palavras", que fundamente a vida do homem.

Se Tardieu e Vauthier pertencem estritamente, nos termos de Pronko, à esfera do babélico, Pichette, Ghelderode e Audiberti dela se distanciam amplamente. Encontram-se, por outro lado, a meio caminho da visão edênica, uma vez que consideram o homem principalmente como um "ser dividido" entre o bem e o mal, a luz e as trevas, o prazer e o tormento.

Pichette, em sua tentativa de criar um teatro puramente poético ou uma poesia para ser vista, parte da consideração de que

> Enquanto o poeta não participar autenticamente das provas, enquanto não escrever ou não exercer com seus músculos, seus nervos, seu sangue, enquanto não se tornar *visível*[8] e audível, enquanto não deixar sua alcova ou sua torre de marfim para competir em pleno ar [...] enquanto não tiver a inteligência, a memória ou a agressividade plástico-moral de cada coisa, a poesia merecerá ser tachada de amputação idealista, de onanismo intelectual, de jogo de salão, ou de mania nem boa nem má[9].

Esse programa de ação e participação, cujo motor é a revolta e cujo objeto é o protesto, se traduz, quanto à expressão teatral, em *Les Épiphanies* e *Nucléa*. Em ambas, fundadas em oposição de contrários como o bem e o mal, o amor e o ódio, a guerra e a paz, o velho e o novo, o conflito dramático é visualizado em termos essencialmente poéticos, a ponto de tornar-se antidramático. Isso evidentemente é desejado pelo autor que está em busca, para além da psicologia, de um "teatro total". Mas o impulso verbal que em Pichette determina o referido efeito, este fluxo quase univocal que mana em parte de automatismos surrealistas, corre o risco de ultrapassar em seu ímpeto os quadros propriamente teatrais, descambando, pela ausência de alguma sorte de tensão e confrontação dramáticas, para o discurso retórico. E é precisamente o caráter declamatório, o emprego de "máquinas verbais, autômatos eloquentes sem liberdade, portanto sem verdade humana"[10], que os críticos menos complacentes, em cujo rol está Pronko, censuram no teatro de Pichette, considerando-o uma tentativa falhada em seus fins últimos.

O mesmo não se poderia afirmar do teatro de Michel Ghelderode. Este flamengo, que pertence cronologicamente à geração de Beckett e que escreveu o grosso de suas obras entre as duas guerras, mas que

---

8. O grifo é meu.
9. Cit. em Pierre Boisdeffre, *Littérature d'Aujourd'hui*.
10. *Idem, ibidem.*

permaneceu quase desconhecido até 1946, quando André Reybaz e Catherine Toth o revelaram ao grande mundo, é tido hoje como um dos representantes mais originais e independentes da nova tendência. Sobrenatural, metafísico, barroco, o seu repertório também se esteia numa visão dicotômica do homem. Ponto de convergência de pendores babélicos e edênicos, ser fundamentalmente dilacerado, a criatura humana é, "para este romântico moderno de alma medieval e renascentista", arena de disputa fervorosa e maniqueísta: "Tenho", diz Ghelderode, "um anjo sobre o ombro e um diabo no bolso".

Mas o sempiterno combate entre "os filhos da luz e os filhos das trevas", já por si de intensa dramaticidade, assume no palco ghelderodiano particular expressividade dramática e plástica. Como que remontando à fonte do trágico e reconsagrando o mistério da ambivalência, da dualidade, este teatro faz do duelo entre o diabólico e o místico, entre a carne e o espírito, um extraordinário confronto entre o grotesco e o sublime, o trágico e o cômico, de tal maneira que *páthos* e expressão participam igualmente de uma espécie de rito de fecundação dramática em que o *invisível* se torna *visível*. Com efeito, o que mais surpreende em Ghelderode é a sua riqueza pletórica de formas, como se para ele confluíssem as tradições da Flandres, o primado da imagem sobre a palavra, da concreção plástica sobre a progressão dialógica é nítido em suas peças. E o poder inventivo que as preside, esfuziante, orgiástico, aparatoso, mas tão apegado ao detalhe sensual, ao real, lembra o das "delícias" torturadas, metafísicas, de um Bosch, coribante nas danças macabras do sentimento "criatural"[11], e mais ainda, o das "quermesses" tragicômicas de Breughel e Rubens, com suas endemoninhadas rendas das paixões e da vida do homem, criatura mortal.

Se Ghelderode é um legítimo herdeiro da Flandres pictórica e de seus quadros, unindo-se-lhes aliás as "visões" de uma Espanha do *Escurial* e de El Grecco, é também, e antes de tudo, um dramaturgo moderno, de "vanguarda". Isto significa que não só Ubu é o "santo" da casa, como denotam amplamente a atração pelos efeitos "cruéis" e "antiteatrais", a mecânica do humor grotesco, a licença poética surrealista e a audácia plástica expressionista, mas também que o seu culto é o da liberdade e o da individualidade artísticas. Nos termos de Ghelderode, que une ao individualismo vanguardista um gosto particular pela independência própria, isso reverte em pronunciada personalização da obra. Esta é fortemente plantada na vivência, não como penhor da autenticidade artística, mas como necessidade, até

---

11. A expressão é aqui usada no sentido em que Auerbach, com base em Huizinga, atribui-lhe em *Mimesis*, isto é, implicando "o sofrimento a que o homem está sujeito como criatura mortal", que é típico do declínio da Idade Média, tal como Huizinga o concebeu.

certo ponto, de vazão psíquica. Por isso mesmo pode-se dizer que nos dramas deste autor está o seu próprio drama, isto é, as obsessões e temores, os duendes pessoais que tenta, sem pretender convertê-la em divã psicanalítico, exorcismar em cena aberta.

Ele faz o teatro que lhe apraz, como declara, no pleno gozo de sua liberdade, o que não impede que ela esteja "vendida ao diabo", empenhada ao "invisível", como se vê em *A Morte do Doutor Fausto* e *Fastes d'enfer*. De fato, a sua arte, onde o espetáculo de feira, o circo e sobretudo o *music-hall* e o títere exercem um papel tão ponderável, parece referir sempre as personagens a um "fio" manejado no além, a um universo de enigmas, de coisas inapreensíveis ou inclassificáveis pela razão humana. Sob o manto do sadismo, da perversidade, da bufonaria cruel, da religiosidade fanática, o demo governa o mundo de *Les Aveugles*, *Le Soleil se couche*, *Hop signor!*, *Pantagleize*. Mas o anjo só é negro porque traz em si o seu *double* branco. A mesma veia demoníaca que inspira *L'École des bouffons*, deleitando-se com o sofrimento e a morte, divertindo-se com o jogo falaz da realidade-aparência, desencadeando sobre o homem forças frenéticas e incontroláveis, inspira também em contrapartida a verve do "bom diabo", o arteiro mestre do logro que logra a uniformidade, o ascetismo esterilizador, piscando o olho para o "humano" (*D'un diable qui prêcha merveilles*). É a farsa das complacências com os sete pecados capitais que, de certo modo, se faz exaltação das paixões, dos prazeres da mesa e do leito, como em *Magie rouge* e *La Farce des ténébreux*, resultando, em última análise – embora mantendo integralmente o conflito transcendental entre o bem e o mal –, numa reafirmação de fé no poder mágico da vida e da natureza.

Este duplo e malicioso espírito é pois uma presença na obra de Ghelderode. Mas, como a de seu congênere clássico, empenhado em ser neste mundo, isto é, no palco que atualiza a sua ação, trata-se de uma presença que só se manifesta no visível, no teatral. Este desfralda todas as suas bandeiras, num desfile medieval, num Carnaval de som, cores e até cheiros, que envolvem o espectador em apertada rede de sugestões sensíveis.

> Luz, sombra, tinturas, música de sino, cornamusa, corais, órgão da Barbária, latidos de matilhas, tudo tende a nos atrair para este mundo estranho criado pelo autor, no qual vemos reis e bufões, feiticeiros e nocromantes, burgueses e monges, homens de ontem e de hoje, homens de todas as idades, representar de maneira grotesca, séria, trágica e cômica, as más ações que os tornam meio demônios e meio anjos...,

dando carnação à réplica de um dos anões de *Hop signor!*, que se poderia adotar como máxima deste teatro: "Eia! O que faz fremir contém o que faz rir!"

Completamente distinto é o maniqueísmo de Jacques Audiberti. Se as suas criações, perpassadas por um humanismo semelhante ao de Ghelderode, também são palco da dialética do bem e do mal, elas correspondem ao chamamento de outras vozes que não a do satanismo flamengo. Audiberti é um homem do Sul, "atrás dele, nele, estão o paganismo [...] os Cátaros, e essa constante meridional, que faz da carne ao mesmo tempo delírio de alegria, de conhecimento – e de tristeza, de cegueira, de morte, como faz do sol ao mesmo tempo criador e destruidor"[12]. O mistério aqui é o de Elêusis e o impulso vitalista e panteísta.

O polo paradisíaco da existência está na natureza. Éden é a unidade primitiva no grande ventre, a plena satisfação dos instintos, a fusão vital como todo orgânico, o nirvana da imanência. Mas o homem, seja pela sua própria condição, seja pelos caprichos de uma deidade, está condenado a frustrar constantemente o desejo e, portanto, ao desterro deste jardim da plenitude natural. A sua condição é a do malogro, ele é um ser por excelência insatisfeito. "Dépaysé", alienado, sua vida é função de um anelo de completitude que se projeta além ou aquém de seu estado atual e que surge não só na metafísica do amor e da nostalgia edênica, mas também na fixação obsessiva e cruel do desejo. Desta insaciedade o homem só escapa, reencontrando a satisfação vital e natural, pelo encontro da morte e do sobrenatural. É o que sucede, por exemplo, em *La Hobereaute*, uma das obras mais ricas de Audiberti, em que Lovty, o anseio de amor irrealizado, só pode chegar à felicidade, à união com o espírito druídico da floresta sob a forma de mulher, La Hobereaute, através da crucificação na "árvore da vida", a morte, que o Barão Massacre, o desejo obsessivo e cruel, a regra terrena injusta, impõe a ele, a ela (é sua mulher) e a si próprio, isto é, à liberdade natural dos sentimentos e à sua vivência na plenitude de sua realização atual, condenada à existência sobrenatural, ideal.

Esta porém é, entre outras, uma das possíveis interpretações do mundo audibertiano, nem sempre muito claro, dominado pelo imaginário e pela hipérbole. Reino de metamorfoses e aparições suscitadas por um condão, que desconhece as fronteiras entre ilusão e realidade, não pertence evidentemente à esfera de nosso quotidiano. Mas o autor de *La Fête noire* atribui-lhe, no entanto, realismo, o teatral, o do "delírio consentido". À sombra desse "oásis da mentira autorizada", Audiberti dá largas a seus temas, tramando-os em diálogos cheios de estro e brilho e moldando-os em personagens que se mantêm consistentes, apesar de sua frouxa inserção no habitual e no imediatamente identificável. O clima dessas peças, marcado pela fantasia, pelo humor e pela poesia, é de *féerie*, mas de uma *féerie* por vezes desencantada, despida de ilusões. Seja como for, o dramaturgo de *Mal court*, de *La Pucelle*, prefere ao fato civil a fantasia e mesmo a franca coloração operística, em que confessa inspirar-se mais do que no drama e da qual

---

12. Marc Beigbeder, *Le Théâtre en France depuis la Libération*, Paris, Bordas, 1959.

se aproxima também por outras características suas, como a musicalidade do diálogo, o recurso constante ao verso e ao canto, e o lirismo geral que impregna sua obra. Todos esses elementos poderiam evocar "um sonho de uma noite de verão" mais implacável, mais determinado por uma luz mediterrânica, mas igualmente secretado por uma imaginação em liberdade. Aliás, é precisamente daí que provém o momento crítico dessa dramaturgia, que reside no excesso. Para Pronko, o perigo é que "o vigor, a imaginação, o lirismo e a retórica levem a melhor, impelindo Audiberti a insistir no dispensável, a criar personagens ou cenas supérfluas pelo único prazer de inventar".

Se com Audiberti, em que pese a ação maléfica da insatisfação e a angústia da alienação adâmica, já estamos longe da Babel absurda, da humanidade agonizante no não senso, de um Beckett ou Ionesco, com Georges Schéhadé chegamos ao limiar do paraíso. *Monsieur Bob'le*, *La Soirée des proverbes*, *Histoire de Vasco*, *Les Violettes* são quatro vias de uma peregrinação oriental em busca da pureza, que é empreendida por um protagonista básico, apesar de suas várias versões, o herói--santo-poeta, o único capaz de atingir as fontes da vida e de "revelar" suas descobertas aos outros mortais. Mas, qual um Moisés, se lhe é dado avistar e mesmo tocar a terra da promissão, só pode ingressar nela permanentemente pela morte. Só ela permite o autêntico reencontro da inocência e da juventude eternas, do provérbio mágico, da imagem e semelhança divinas.

O mundo de Schéhadé é um mundo de contemplação enlevada da pureza, do anelo pelos valores de uma primitiva genuinidade e naturalidade em que a queda está sobretudo na desvinculação com a verdade poética da infância. Essa visão de uma unidade, de uma simplicidade perdidas lembra curiosamente a de um escritor ídiche, Scholem Aleikhem. Será ela o fruto comum de um velho tronco, da mesma Árvore oriental do Conhecimento? Em todo caso, a mesma nostalgia de uma pureza original, de uma primavera edênica, suscita neles arabescos líricos similares que se desdobram, do mesmo modo, como signo melancólico do *dépaysement*, e em face da comédia humana, um humor chaplinesco, transparente, ilógico e pitorescamente carregado de sabedoria. Em ambos, encontramos o mesmo tipo de herói sereno, de alma encantada, de iluminado artífice a tecer sobre a decepcionante realidade uma teia de sonho e maravilha que recobre o mundo contraditório e desconjuntado das aparências, de secreto encantamento e projeta, do irreal para o real, um sentido misterioso, sugestão de um possível universo significante. Mas não insistamos na comparação. Embora ofereça outros pontos de tentação, como um gosto afim pelos provérbios e até uma maneira parecida de esboçar personagens e situações, pelo menos quanto ao pendor pela nitidez quase linear, pela singeleza, pela definição de caracteres na indefinição das conjunturas, o parentesco, que é de certos padrões culturais e de certos elementos de sensibilidade, não ultrapassa muito esse plano geral. O quadro de referências por exemplo é inteiramente diverso e, se quiséssemos agrupá-las segundo as suas principais tensões, as que concernem ao autor judeu voltar-se-iam para o particular, o fechado, o segregado, expressão que foi da vida do gueto, enquanto as do dramaturgo libanês dirigir-se-iam diretamente ao universal, ao ilimitado, ao misturado, expressão que é de um mundo praticamente sem fronteiras, devassado, sobretudo a partir das janelas das "escolas" de Paris.

Schéhadé faz um teatro de vanguarda, explorando, com um senso quase cabalístico, as possibilidades poéticas não só da imagem como do verbo a fim de abrir novas percepções da realidade, de sugerir novas dimensões, de revelar novas relações entre os homens e as coisas. As metáforas e as personificações, do mesmo modo que as palavras, são tratadas como meios capazes em si, por poder próprio, de desvelar, seja por súbita concreção, seja por imprecisão e ambiguidade, o fundo da existência. Trata-se pois de um procedimento que não apela para a compreensão e a razão imediatas, mas para o que vem antes ou depois das ideias. Este além deve ser apreendido intuitivamente pela contemplação poética.

Assim, torna-se evidente que é em função do drama poético que se explica a estrutura das peças de Schéhadé. Frouxamente tramadas, elas evoluem fora do "nosso tempo", num espaço marcadamente aberto, onde predominam os exteriores. No entanto, ao contrário do que acontece em alguns dos principais autores da Vanguarda, seus heróis não são presas fatídicas dessa nova geometria teatral. Em vez de se dissolverem em seu infinito, como poderia ser o caso, concentram-se como seres extremamente determinados, precisos enquanto idealizações ou caricaturas. Palpáveis, densos, têm a consistência de nós, de nós de mistério... De fato, tanto quanto o drama de nossa vida, que é o da luta multiforme da corrupção com a pureza, do compromisso com a integridade, Schéhadé nos propõe dramaticamente – insinuando que a vida pode ser algo mais do que mera aparência, que ela pode ser para cada um o que ela é para suas personagens – o mistério da eterna inquietação do homem, de sua busca, mesmo desesperada, do ideal, da verdade, o mito da *fons vitae*.

* * *

O leitor que nos acompanhou nesta incursão pelas cenas do teatro de vanguarda terá notado por certo que o fizemos em constante diálogo e tendo até certo ponto como parâmetro a obra de Leonard C. Pronko. Na verdade, o nosso intento inicial era apenas o de comentá-la, razão pela qual na primeira versão do presente texto, publicada no Suplemento Literário de *O Estado de S. Paulo* sob o título "Um Livro sobre a 'Vanguarda'", constava a seguinte observação introdutória:

Destinado ao "amador de teatro inteligente e não ao especialista em literatura francesa ou ao teórico de teatro", o *Théâtre d'avant-garde* (trad. de Marie-Jeanne Lefèvre, Denoel, 1963) parece preencher o seu propósito. O leitor que esteja à procura de obra capaz de iniciá-lo na dramaturgia que se convencionou chamar "vanguarda", encontrará neste trabalho do crítico americano um guia honesto e informado, de utilidade certa. Semelhante função é tanto mais facilmente desempenhada quanto o autor, como declara no prefácio, não se propõe a "demonstrar" o que quer que seja, por considerar que todo drama goza de completa autonomia e que "o dever do crítico é compreender (e por conseguinte apreciar) e depois ajudar os outros a compreender". Não estando pois comprometido com o encaminhamento e a defesa de teses rígidas, sua análise faz-se inclusiva e não exclusiva, esforçando-se por descobrir significações e características "lá onde outros veem apenas absurdo e confusão". Se daí pode resultar certo ecletismo, ele é compensado pela objetividade e imparcialidade da exposição.

Entretanto, se o livro de Pronko não perdeu esta feição, a leitura que se faz aqui desborda os limites de seu conteúdo e das formas de focalizá-lo, convertendo-se em raiz de uma nova textualização que deixou pelo caminho o exclusivo comentário crítico pretendido e se desenvolveu por largas digressões, nascidas da divergência de pontos de vista ou da incitação dos próprios temas.

Ainda assim, não poderíamos encerrar esse trabalho sem dar novamente a palavra ao autor de *Théâtre d'avant-garde*, mesmo porque fazemos nossa esta sua conclusão, de que a vanguarda pode ser considerada, não apenas uma revolta contra a maneira de pensar e viver dos burgueses, mas um furioso ataque ao perene espírito burguês, uma recusa deste cosmo.

10. Anatol Rosenfeld e o Teatro

　　Dentre a larga variedade de tópicos que Anatol Rosenfeld abordou em seus artigos e ensaios, o teatro começou a ocupar a partir de certa época um lugar privilegiado. Provavelmente, desde muito cedo foi um assíduo frequentador de casas de espetáculos cênicos, a julgar ao menos pelo que pude notar pessoalmente nos anos que convivi com ele. Não me lembro de que tivesse deixado de assistir a uma só entre as peças de certo interesse, em cartaz na Pauliceia. Estou certo de que esta constância devia vir de longe. Encontrei, por exemplo, entre os seus papéis, programas do início dos anos 30, isto é, de sua mocidade, e alguns que datavam mesmo de sua adolescência. Mas é de se pressupor que a sua familiaridade com o que era representado no palco alemão daquele período fosse bem maior do que esses testemunhos das representações da Volksbühne ou de um ciclo completo do *Fausto*, de Goethe, com a direção de Richard Beer-Hofmann, e que a relação, dada a intensa curiosidade intelectual e a aguda sensibilidade de Rosenfeld, ultrapassasse, no seu caso, já nesta fase de formação, o simples contato de espectador casual com um espetáculo visto por distração. Creio mesmo que suas leituras em dramaturgia e seu interesse pelas tendências que se chocavam no teatro germânico, bem como pelas indagações estéticas e as correntes artísticas a respeito da cena, tenham tomado raízes conjuntamente aos demais elementos de sua formação literária, filosófica e crítica. Daí por que não vejo a atenção que Anatol Rosenfeld passou a dedicar à dramaturgia e arte cênica, na década de 1950, como algo inteiramente novo em sua vida.

Não faltou naturalmente quem pensasse assim, ligando tal interesse à onda montante do teatro brechtiano, do qual ele foi aqui no Brasil um dos melhores expositores, e não só em termos brasileiros. Para mim, os excelentes artigos e sobretudo as análises que escreveu, a propósito do autor de *Galileu*[1], são, na verdade, produção de um relacionamento e uma reflexão que vinham, como já procurei salientar, de longe, e encontraram na nova voga de Brecht e, com ele, do teatro alemão, uma oportunidade de eclodir. Com essa premissa, também se torna fácil compreender porque ele pôde exercer uma crítica tão diversificada nesse domínio, atacando com desembaraço um vasto conjunto de temas, no plano do texto e da montagem dos principais fulcros do Teatro Ocidental. Seu trato com Shakespeare não era menor do que com Molière e seu conhecimento do Teatro Romântico em nada perdia ao domínio do classicismo alemão ou das correntes da vanguarda no cenário do século XX. Recordo com nitidez que estava inteiramente em dia, não só com o que, àquela altura, achava-se consagrado como moderno no mundo europeu e americano, mas ainda com o que estava sendo produzido contemporaneamente. Escrevia às vezes sobre obras teatrais recém-publicadas ou eventos cênicos há pouco estreados, no âmbito ocidental. Assim, não é de admirar que travasse desde logo um contato vivo e íntimo com o ascendente movimento teatral brasileiro. Como Alberto D'Aversa, mas não sendo um homem do fazer teatral, e sim do pensar, um crítico, na acepção mais ampla, Anatol Rosenfeld foi um dos testemunhos interessados no processo da teatralidade então em curso em São Paulo e no Brasil. E digo mais, não apenas um espectador crítico, porém um participante. Participante porque seja no Teatro de Arena, seja no Teatro Oficina, seja nos convites que lhe faziam para integrar mesas-redondas e debates públicos, seja como membro da Comissão Estadual de Teatro, seja ainda como professor da Escola de Arte Dramática entrelaçou e instilou, como agente empenhado, a sua reflexão aguda e extraordinária erudição teatral em tudo o que estava sendo gerado naquele momento em nosso palco, no que ele tinha de mais inquieto, audaz e avançado. Isto, para não mencionar o eventual efeito que tenha exercido nos "papos" e contatos pessoais com numerosos membros da classe teatral que o procuravam ou se faziam procurar por ele.

Se se considerar, portanto, todos esses elementos que estão aqui jogados de maneira um tanto fragmentária e anárquica, sem qualquer preocupação de sistematicidade, torna-se possível chegar à conclusão de que um texto como "O Fenômeno Teatral"[2] não é um mero fruto casual, embora bem-sucedido, de um trabalho escrito com função apenas polêmica. Neste notável ensaio sobre como pode dar-se o

---

1. Anatol Rosenfeld, *O Teatro Épico*, São Paulo, Perspectiva, 1985.
2. Anatol Rosenfeld, *Texto/Contexto I*, São Paulo, Perspectiva, 1972.

fenômeno que faz do "eu" de alguém chamado "ator" um "outro" chamado "papel" ou "personagem", Anatol Rosenfeld realiza uma análise cuja profundidade e pertinência estão entre as melhores que o pensamento acerca do Teatro logrou sintetizar, mesmo na perspectiva da bibliografia internacional. Acho até que se o trabalho em apreço tivesse sido publicado em alemão, francês ou inglês, figuraria, sem favor nenhum, ao lado daqueles que são, por assim dizer, "obrigatórios" para a formação da cultura teatral de quem quer que seja.

Antecipando a recente volta, que ocorreu nos centros vivos da invenção cênica, do Teatro do Diretor para o Teatro do Ator, Anatol Rosenfeld estudou, por via antropológica, linguístico-estrutural e estética, a fenomenologia da atuação e do ato teatral, indo ao cerne desta produção, para captar os seus fatores e sua fatura essenciais. Ao estabelecer, formulo eu, que o ator é aquele que tem a capacidade de levar ao máximo a capacidade humana de ser não sendo, isto é, de desempenhar papéis e de projetar a sua encarnação corporal como uma figura ou metáfora do imaginário, na relação ao vivo consigo próprio e com o seu espectador, deslocou o ponto nevrálgico da criação teatral, tanto do conjunto de esquemas e signos que constituem uma peça, como do conjunto de ordens e moldagens que constituem uma direção. Surpreendeu o ato criador da interpretação, o *in*-vestimento no *re*-vestimento da máscara, no seu momento de fecundação. E esta contribuição excede de muito o incidente que provocou toda essa série de reflexões, ou seja, a discussão sobre se a palavra é veículo do gesto ou o gesto, da palavra, no teatro, ainda que o largo contorno feito por nosso argumentador favoreça, em última análise, com todas as reservas que faz, a primazia da cena sobre o texto literário de que ela se vale.

Lembro-me de que, um dia, quando estava escrevendo seu ensaio, saímos para assistir ao espetáculo *Andorra*, de Max Frisch, no Teatro Oficina. Anatol, preocupado com o problema que era objeto de sua análise, começou a ventilar o assunto antes que a sessão se iniciasse e durante o intervalo. A seu jeito, não parava de nos interrogar, a mim e Gita, que nos acompanhava, e, a cada resposta que dávamos, vinha ele com o seu indefectível contra-argumento. Queria saber como entendíamos as palavras e os gestos que os atores produziam. Seria nosso entendimento que todo o teatro já estava instituído e expresso na peça que lhe servia de base? Quem "funda" aqui e agora, como presença viva e criador vivo, o espetáculo em cena? O ator que está à nossa frente e se constitui em personagem ou o autor que "fala" através dele? O que é que o "intérprete" fazia, uma apresentação de sua palavra ou uma representação da palavra do dramaturgo? E assim por diante, propondo toda uma série de indagações cujo alcance, confesso, não haver percebido totalmente na época. Mas hoje estou certo de que ela provinha, não só de um pensamento que aprofundava, via Hartmann, Schiller, Kant, Goethe e principalmente Shakespeare, Appia, Claudel,

Brecht, as colocações estéticas de Ingarden (o qual, como se pode verificar em *A Obra de Arte Literária*, não foi tão longe quanto Rosenfeld na visão da autonomia do ato cênico, muito ao contrário, pois permaneceu bastante preso aos ditames do texto), mas que integrava no mesmo contexto uma extensa vivência e meditação sobre a natureza do teatro, desenvolvidas no curso de muitos anos e amadurecidas naquela ocasião, aqui no Brasil...

Poder-se-ia acrescentar, de pronto, que Anatol Rosenfeld encontrou no teatro um campo eletivo e privilegiado para o estudo de um tema que o fascinava igualmente, e talvez mais ainda do que a arte cênica em si: o da ambiguidade, duplicidade e ambivalência humanas, ou seja, a *persona* da pessoa, a pessoalidade e a personalidade da personagem. Sua experiência, sobretudo depois do que vira acontecer na Alemanha, das provações que passara para reencontrar algum ponto de apoio para o seu ser e das ansiedades que o assaltaram logo depois de passada a "lua-de-mel" axiológica dos primeiros anos do pós-Segunda Guerra Mundial, levavam-no a ver o mundo quase nos termos do "grande teatro do mundo" barroco, com o humano hamletianamente dividido entre o seu ser e não ser, como em Shakespeare, ou ainda lançado alienadamente na busca do vir-a-ser romântico. O mundo e a sociedade não passavam de cenários onde os homens, a sério ou ludicamente, desempenhavam papéis transitórios e insubstanciais num afã incessante e inconsistente de encontrar permanência e substância real para suas vidas. As concepções de Mead, Huizinga, Sartre, a fenomenologia, não só de origem husserliana, mas até hegeliana, asseguravam-lhe essa teatralidade da vida do homem. Isto, no entanto, não o levava a uma visão desestruturada, ou ideologicamente deferida, dessa representação. Não por uma exigência meramente lógica ou metodológica, porém basicamente ontológica.

As coisas se decompunham, mas, para tanto, *a priori* ou *a posteriori* se compunham. Elas "eram", tinham um *quid* que podia ser objeto de percepção e conhecimento. Podiam estruturar-se numa antropologia, numa sociologia com validades próprias e, principalmente, na sua contradição e dialética, ser raiz e morada de uma axiologia ética e estética. Havia valores e estes valores encontravam sua expressão maior, mais consentânea, mais significativa, talvez, do que em outros modos de plasmação, na moldagem teatral. Daí por que Rosenfeld conclui o seu magistral trabalho sobre "O Fenômeno Teatral"[3] mostrando que o teatro é o ator. Mas o ator precisamente no seu poder e necessidade de desdobrar-se para completar-se, de vestir disfarces para desvesti-los, de "ser outro" para "ser ele próprio", é o próprio humano no seu jogo consigo mesmo. O teatro é, pois, o homem não apenas no seu parecer, mas também e igualmente no seu ser.

3. *Op. cit.*

11. Brecht: Baal Dialeta

Poucas personalidades tiveram no teatro da segunda metade do século XX uma presença tão impactante quanto a de Bertolt Brecht. O seu único par talvez seja Artaud, que se tornou, por contraposição, o outro marco polar das correntes cênicas da atualidade. Mas, afora ele, nem mesmo Stanislávski e Meierhold, em que pese o papel seminal de suas contribuições, galgaram um patamar de iconização tão relevante. E as razões não foram apenas as do palco, no sentido estrito. É possível nomear muitos elementos que concorreram para que isso acontecesse. Dentre eles não se deve pensar exclusivamente no fator político. De maior amplitude talvez seja o cultural e o estético, uma vez que Brecht e Artaud representam posturas divergentes e, no entanto, de certo modo complementares, na medida em que o seu entendimento e processamento da arte e do teatro, em particular, por mutuamente excludentes que sejam, constituem os elementos necessários para a construção dialética de uma visão renovada e integrada do homem e do mundo.

Sem nos estendermos sobre as oposições e eventuais confluências entre esses dois expoentes maiores das tendências artísticas de nosso tempo na cena, e para nos determos sobretudo em Brecht, que é o nosso foco do momento, poder-se-ia dizer que, ao contrário de Artaud, em quem Baal prevalece sobre a razão, no escritor alemão ocorre o oposto, e não por uma imposição formal, mas sim por uma incorporação da irracionalidade no jogo da razão.

Poeta, dramaturgo, homem de teatro, teórico das artes e autor de uma nova poética, pensador ideológico e ativista político, Brecht foi todavia, principalmente, um artista inovador e, independentemente da riqueza que sua atuação apresenta para toda sorte de reflexão nos mais variados domínios, é no terreno da invenção teatral e literária que o seu papel e a sua figura devem ser privilegiadamente situados. E quando se cogita de seu modo de ser e agir com respeito à criação dramática, cumpre ter em conta a evolução e as transformações de sua dramaturgia, que vão desde *Baal, Tambores na Noite, Na Selva das Cidades*, seguidos de *A Ópera dos Três Vinténs* e *Ascensão e Queda da Cidade de Mahagonny*, até as peças culminantes de sua maturidade, como *A Vida de Galileu, Mãe Coragem e Seus Filhos, A Boa Alma de Setsuan, O Senhor Puntila e Seu Servo Matti* e *O Círculo de Giz Caucasiano*. A respeito deste amplo repertório, possivelmente não será exagero ressaltar que a passagem de um destemperado expressionismo e de uma percepção anarquizante da vida social, nas primeiras peças, para os exercícios de uma lógica rigorosa de consciência e ética comuno--marxista, no Teatro Didático – anteprojeto de uma utópica arte proletária do futuro – e, depois, para as grandes produções do Teatro Épico, compõe um percurso não menos pautado por um relacionamento constante, apesar de todas as suas variações, com os recursos renovadores e revolucionários das buscas e das práticas das vanguardas.

Em verdade, no texto e no tablado brechtianos, em seus diferentes desdobramentos, o dispositivo formal nunca retoma as formas de construção tradicionais, de algum modo vinculadas a raízes aristotélicas, que, no entanto, subsistem perceptivelmente no repertório ungido pela "linha" partidária ortodoxa e pelo realismo socialista, mesmo quando aparelhado pelas categorizações e tipificações estéticas hegeliano--lukacsianas.

Desentranhando procedimentos dos *Miracles* medievais (as "estações", os "passos"), do teatro barroco (o *Trauerspiel* alemão, Shakespeare e os elizabetanos), da Restauração inglesa (John Gay), do *Sturm und Drang* (Goethe e Lenz, em particular), do romantismo (Büchner), compondo-os com os efeitos satíricos e grotescos expressionistas (Wedekind e Toller) e dadaístas, e aliando-os à objetividade causal do drama naturalista (Hauptmann) e social-revolucionário (Górki), Brecht, o poeta das baladas da *Hauspostille* (Breviário Doméstico) e o romancista dos *Negócios do Senhor Júlio César*, desenvolveu, por experimentação e pesquisa, por análise crítica e fundamentação teórica, por assunção política e deliberação ideológica, uma atrevida linguagem e modos de estruturação teatrais não menos heterodoxos. Neles, seja para concretizar o efeito V, *Verfremdungseffekt*, (efeito de estranhamento), seja para estabelecer actantes dramáticos e simbolismos sociopolíticos capazes de pôr em funcionamento e/ou levar à problematização e à conscientização a mente do público espectador, utiliza-se do inusitado e do desafiante do Cabaré (não só de Dadá, mas principalmente de Karl Valentin), do *song*, do *vaudeville*, da sátira ligeira, ao lado das práticas de congelamento do teatro oriental e das ousadias diretoriais do palco meierholdiano e da montagem piscatoriana, para exprimir-se a si mesmo e transmitir formalmente a sua mensagem que é, sem dúvida, a da verdade da dialética marxista convocando para a revolução proletária e para a transformação social e socialista da sociedade.

É óbvio, porém, que o estilo de Brecht não se confunde com nenhuma dessas remissões. Assimila-as, sintetiza-as, numa elaboração própria que é o selo da originalidade de seu criador. Mas, como em tantos outros exemplos, será esta qualidade o único garante de uma possível sobrevivência da obra? É claro que não. E justamente aí surge a pergunta: considerando-se tudo a que o mundo assistiu no final do século XX e, em especial no que tange à derrocada da proposta do socialismo stalinista e o fim da República Democrática Alemã, o que resta de substantivo no legado brechtiano? Não joguemos fora a criança com a água do banho!, como diria uma personagem de *O Círculo de Giz Caucasiano*, com o pleno consentimento do autor... A questão não é apenas da forma do verso, do texto e da fala, do brilho da expressão, da agudeza do reparo e da força do protesto, mas do seu poder de revelação e da verdade de seus recortes. Sem falar, numa produção como essa, das sempre encontráveis e celebráveis declarações de boas intenções humanísticas ou das não menos consagradas defesas dos oprimidos e espoliados pelo guante das tiranias, mesmo nas nuas, desmascaradas e desmitificadas versões da objetividade marxista da luta de classes, o que continua a ferir os olhos e a sensibilidade, a mobilizar a razão e o comprometimento do leitor ou do espectador atuais, onde quer que eles tenham o seu encontro com o poeta que veio "antes de nós", é a pregnância de vida que perpassa a sua criação. Brecht, em meio a todos os desastres e a todos os horrores que lhe foram dados testemunhar e que a sua pena flagelou, nunca embarca no evangelho apocalíptico. A existência tem para ele um sentido positivo e o homem está destinado a concretizá-lo, não enquanto paciente, mas como seu agente, em termos de uma plena autorrealização. Daí por que aliená--lo, seja no âmbito coletivo, seja no individual, é um crime contra a natureza essencial deste vir-a-ser, do que se poderia chamar o projeto e a razão de ser de sua destinação histórica, ética e cultural, ou seja, a de seu estar-aí. Será uma utopia poética, axiológica e existencial? Sim e não. Sim, porque de certo modo esse fato se coloca como uma crença, um juízo prévio de valor, para além de toda experiência e comprovação possíveis, mesmo à luz do materialismo dialético e histórico. E não, porque ela energiza a sua obra e escritura de uma pulsação que anima a sua coragem crítica e a sua força de combate, carregando-as de um poder e de uma significação transcendentes às desgastantes lições da práxis miúda do quotidiano.

Nesse nexo, pode-se dizer que a palavra em Brecht, sempre mantida em sua plenitude significativa, e com ela a sua arte, é um contínuo projeto de reposição em devir da potência e da vontade de vida, do prazer de viver, e instrumento da negação revolucionária de toda ordem de coisas que os nega. Assim, o verbo criador se recarrega com a atualidade ou, antes, com a reatualização, reinterpretação e ressemantização de seu discurso. E Baal se faz dialeta, pois "um homem é um homem".

12. Haroldo de Campos e o Teatro

A relação de Haroldo Campos com o teatro tem sido vista como um fato recente e menos relevante no âmbito de sua atividade criadora. Com efeito, o itinerário do poeta não assinala aparentemente encontros marcantes com a arte do palco. Poder-se-ia evocar como contraexemplo os vários eventos – e, a bem dizer, eles não foram raros – em que Haroldo de Campos em público apresentou a sua produção e as suas concepções. Mas tais aparições, com maior ou menor aproximação aos espetáculos que buscam um contato comunicativo e participativo sob a forma de *happenings*, *performances*, eventos, exposições, récitas e conferências, são comuns às manifestações das vanguardas, desde o futurismo, tanto na poesia quanto na pintura e na música. E, ainda que contenham um forte componente teatral, nem sempre indicam uma incursão mais estrita nas realizações do palco. Na verdade, se não houver engano, no que tange particularmente ao criador das *Galáxias*, o primeiro cruzamento que poderia sinalizar um vínculo mais íntimo com o universo da representação dramática e sobretudo o da teatralidade é o que se deu com a encenação, por José Celso Martinez, de *O Rei da Vela*. Já àquela altura promotor conhecido, e apaixonadamente discutido, de uma nova linguagem poética, o concretismo, Haroldo de Campos foi chamado a contribuir criticamente e a intervir nas discussões que acompanharam os ensaios e a exibição dessa montagem cenicamente revolucionária, e hoje histórica, quer por trazer à evidência as potencialidades teatrais de uma dramaturgia relegada pela crítica à irrepresentabilidade no palco, quer por instaurar o espaço cênico de uma ousada renovação do estilo de montagem no teatro brasileiro. Não obstante isso, o interesse de um dos principais paladinos da campanha de releitura e revalorização da obra oswaldiana seria explicável, julgou-se, tão somente por sua preocupação com tudo o que dissesse respeito à personalidade e às criações do inventor de *Serafim*, tratando-se, pois, de um envolvimento antes literário e crítico ou, quando muito, de uma afinidade estética.

Novo contato de Haroldo de Campos com o teatro deu-se muitos anos depois, a propósito de um texto bíblico, os versículos do *Gênese*, transcriados pelo poeta brasileiro. Bia Lessa sentiu-se tentada a encenar o texto e pôs-se a trabalhar com o poeta-tradutor no projeto, que veio a constituir-se em *A Cena da Origem*. Dessa vez, tampouco, a focalização fundamental, pelo menos de início, havia sido o palco. Mas, ainda assim, cabe assinalar uma mudança no caráter da relação. O engajamento do escritor com o trabalho de teatralização foi bastante estreito, não apenas do ponto de vista da adaptação teatral do poema, mas principalmente sob o ângulo da versão cênica.

Em que conte o esforço básico da encenadora para traduzir de uma linguagem para outra a composição bíblica, e o que isso exigiu não foi pouco devido à própria natureza do relato e à rarefação religiosa e quase metafísica do discurso hebraico que lhe dá forma, tão expurgado de metáforas e dramaticidade míticas, tornou-se perceptível o aporte do poeta na transcrição teatral. Para os que puderam acompanhar de algum modo essa elaboração conjunta, ficou evidente o fascínio que o criador literário começava a sentir ante a metamorfose ensejada pelo palco, permitindo-lhe transmutar a palavra, de sua abstrata solidão sonora, em verbo/imagem/som corporificados ao vivo e capazes de uma comunicação por todos os sentidos do corpo no aqui-agora. Em suma, numa síntese de ação poética concreta para o que jazia, ainda que belamente, como potencialidade na escritura. O resultado desse trabalho em colaboração foi uma encenação que fez da poética cênica, como já o incitava a literária, um efetivo trampolim para o mergulho no fundo escuro e primevo da linguagem, na tentativa de recaptura de uma língua dos começos. De fato, o propósito teatral não era, como tampouco fora o textual, o de reconstruir ou mimetizar a imagística, a narrativa, a sintaxe e as significações da criação bíblica, tão apenas nas suas filiações religiosas, históricas e na vegetação interpretativa, anedótica e folclórica que envolveu o seu tronco poético em milênios de tradição, porém chegar, por meio de sua carnação e expressão linguística, a de um hebraico do poço dos tempos, a uma espécie de verbo-ação das origens. *Bereschit*. Gênese. Foi o que se viu e a origem se tornou cena: *A Cena da Origem*. A invocação, no ritual cênico, das palavras do princípio pela *arqué* hebraica, remeteu o verso transcriado em cena a um teatro-mundo, na dinâmica dos sons-sax, das vozes-sopro, num partejamento origâmico, lumen-luminescente, do ato inaugural do ser; não só em um corpo transterreno de Adam Kadmon, Hermes e Afrodite do ser humano, a fundir com a cabala dos significantes hebraicos a pureza primordial dos significados adâmicos, como do *corpus* entrópico do cosmos no lance de dados do começar. Ato primeiro do verbo, reverbo do ato um. Origem da cena no palco: Giulia Gam, Lívio, Lucilla, o Hazan, na recriação drama-poiesis do celebrante e do vate.

A subsequente ligação de Haroldo de Campos com Gerald Thomas e as manifestações de simpatia pelas realizações do diretor foram tomadas principalmente sob a perspectiva da amizade e de uma sintonia de suas poéticas e audácia experimental na busca de inter-linguagens e re-leituras transcriativas. Mas esta empatia talvez exprima algo mais no que diz respeito a Haroldo de Campos e a seu processo de descoberta ou, quem sabe, de redescoberta, da projeção e do discurso teatrais como formas expressivas que se relacionam ao seu próprio projeto poético. A troca intelectual e artística com o diretor e seu elenco talvez tenham estimulado o poeta a aproximar-se mais da caixinha mágica que o atraía com os seus prodígios desde longe. Nada como o teatro tem o poder de fundir em *quanta* de representações e significações, corpo do sujeito e do objeto, palavra da oralidade e da escritura, sonoridade do verbo, da música e do ruído. O preço deste poder, sem dúvida, é o sacrifício de sua corporificação na ara da presentidade. Mas, o apelo do teatro a uma poética e a um poeta do poder alquímico de uma poesia do espacial concretizado na linguagem do corpo e no corpo da linguagem do estar-aí, é uma tentação fáustica.

E de fato, sob a magia simpática desse contato, Haroldo de Campos remontou por sua vasta produção de poeta, crítico e pensador, para recobrar uma escritura eletiva que permanecera na sombra de seu percurso como um desencanto dramático.

Mais do que texto de uma tentativa, *Graal, Legenda de um Cálice*, composto em 1952, vai além do *Auto do Possesso* (1949-1950), exprimindo uma afinidade congenial do poeta com a teatralidade. O subtítulo da peça o evidencia: Bufotragédia. Aqui é significativa a contraposição entre um gênero tão marcado pela máscara e gestualidade do cômico que sua expressão só se completa no tablado e o outro, que é uma das formas maiores da poesia dramática. Em que pese a qualidade poético-literária da criação haroldiana, estes dois gêneros só podem ser fundidos no palco. Não que a escritura não o faça a seu modo, com os recursos de um teatro mental, mas se em geral ela é insuficiente para a plena explicitação do dramático, neste caso a sua economia está intrinsecamente voltada para a cena. E a questão aqui vai adiante do fato de se apontar, com a acoplagem realizada, para a tragicomédia, ou seja, para aquela unidade de composição que, independentemente de seu uso histórico ou estilístico, conjumina tudo quanto o teatro faz e sobre o que ele versa.

Na verdade, tudo em *Graal*, modos de estruturação e agenciamento das máscaras-símbolo – pois elas o são mais do que propriamente personagens – e de suas relações dialogizadas, tem a vocação para a especificidade teatral. Seus actantes clamam pela materialização cênica, pois somente nela adquirem configuração e sentido completos. E de que este é o escopo do autor, não nos deixa dúvida, desde logo, a leitura da peça. Se, ao lê-la, o fizemos corretamente e não estamos sobreinterpretando, o próprio anúncio no frontispício de que o seu desenrolar se dará em "Dois Atos e Cenas" associa uma referência à ordem tradicional das construções dramatúrgicas e uma alusão, no mínimo estranha, se não heterodoxa, quanto à arquitetura e temporalização do texto, na medida em que são nomeadas por um plural indefinido: Cenas. Quer nos parecer que já neste registro de intenções dramatúrgicas se coloca uma promessa de abertura estética em um projeto de teatralidade. A excepcional compacidade dos enunciados do poema não deve enganar. Trata-se de poesia, mas de poesia que pretende consubstanciar o seu poder de emissão e a sua forma final além da linha da escritura, no gesto da atuação e nas vozes encarnadas no palco.

Sim, porque o discurso se apresenta inteiramente assumido e distribuído pelos coros, comparsas e protagonistas, em um jogo de falas entre as *dramatis personae* que as entrama, não pela intriga prosaica das situações, porém pelo embate poético das tensões. É isto, e não apenas a grossa materialidade das figurações grotescas, que lhe infunde peso dramático específico, fazendo *Graal* descer da aura lírica e, com ela, aureamusarondinaalúvia, para os praticáveis da cena, deixando patente que só o teatro pode realizar o seu espaço intrínseco de representação. É claro que, mescla de destilações simbolistas e carnavalização oswaldiana, esta bufotragédia mefistofáustica não exibe personagens civis com carteira de identidade psicológica e direito a autonomia de arbítrio, que aparecem de terno e gravata no tablado realista. Fundamentalmente, o que se institui aqui, sob a figura actancial de *Graal*, é o poeta inventor e a poesia da invenção, no empenho do procurar-se e do fazer-se em confronto com as forças inerciais e/ou repressoras da memória, do comércio linguístico e social, do contragolpe dos interesses, do pragmatismo objetivista, das seduções dos lugares-comuns do repertório de Eros. Assaltado pelo mundo do cotidiano, ele só se entrega à fonte de sua inspiração; acima e além da fala desgastada dos valores de troca e de uso. É o drama do poeta no teatro da poesia.

Mas, quando o poeta se faz um com a áureamusa, "eu me em ti", taça e sangue de criação, a poesia volta a dizer "sim". Assim, *Graal* só poderia terminar, como de fato termina, vencida a maior das tentações, a luciferiana toda-luz das razões, em desenlace dramático que é, na verdade, um enlace: a palavra é rompida à margem do silêncio, para que nasça uma nova linguagem poética. Núpcias: áureamusarondinaalúvia/eu meemmimtimesmo.

A respeito das vicissitudes do artista à procura da livre expressão criativa no azul de Glaux, caberia referir o seu sentido textual às palavras de Stephan Dédalus em *Retrato do Artista Quando Jovem*:

> Vou tentar exprimir-me por algum modo de vida ou de arte, tão livremente quanto possa e de modo tão completo quanto possa, empregando para a minha defesa apenas as armas que eu me permito usar: silêncio, exílio, sutileza[1].

Haroldo de Campos as invocou, ao comentar as raízes instigadoras de sua poesia.

A teatralidade desse texto, cálice de vidro-pele de vibrações líricas, só transpareceu ao poeta agora, no reencontro do autor com a destinação de sua obra: a cena. E que isto se deu não apenas no âmbito das relações ocultas com a musa do teatro comprova-se pela reflexão que efetuou a propósito de *M.O.R.T.E.*, na encenação de Gerald Thomas. Como seria inevitável em se tratando de Haroldo de Campos, poeta maior cujo trabalho inventivo sempre caminha com botas de sete léguas teóricas, aflora aí, em termos de metalinguagem crítica, uma clara consciência de teatro, e como também seria de esperar, uma opção por um certo teatro. Um teatro que é o de hoje, com todas as revolucionárias transformações que suas formas de expressão sofreram com o advento das experimentações da vanguarda histórica e, sobretudo, do movimento cênico após a Segunda Guerra Mundial, desde o Teatro Absurdo até Grotóvski e Kantor. Não é preciso retomar o debate filosófico e estético em torno do pós-modernismo, nem refazer o itinerário do crítico em "A *M.O.R.T.E.* e o Parangolé" para constatar a sua profunda consonância com os omeletes à moda de Thomas nas bufotragificações que carnavalizam o Hamlet de Shakespeare no Hamm de Beckett, jogando-o em um picadeiro dramático onde pode virar, como na versão paródica de Augusto de Campos, Camelot, Príncipe da Sinamarga. Este jogo histriônico com o amargo desespero já rodopiava ostensivamente na dança grotesca da solidão e da alienação nos diálogos de *Graal*. Tal qual no *Post-Scriptum* que Haroldo de Campos escreve acerca do *In-Memoriam* de Thomas a Samuel Beckett (em *Fim de Jogo*), salta aos olhos que o texto de 1952 não é um "fim de linha". Muito ao contrário, trata-se da linha de um início que se revela à luz de uma teatralidade, ao modo de Thomas e Kantor, disposta a ir além de todos os limites do imaginário e de exercer toda a "crueldade" trágica e cômica para engendrar as imagens, as coalescências expressivas e simbólicas da alogicidade e da contingência da condição humana. A provocação crítica destas formas reponta a cada observação crítica

---

1. James Joyce, *Retrato do Artista Quando Jovem*, Trad. José Geraldo Vieira, Porto Alegre, Edições da Livraria do Globo, 1943, p. 243.

sobre *A M.O.R.T.E.* Sem dúvida o poeta está no domínio de Dioniso, onde o viver e o morrer são ligados pelo mesmo princípio ativo e ele o transfere, em metamorfose metalinguística, para a sua interpretação. Recusa-se a ver na montagem apenas uma dança do fim, do nada depois de tudo. Sem vincular o seu pensamento e o sentido explícito da direção de Gerald Thomas a uma necessidade positiva ou a uma razão dialética, discerne em seu nexo, citando Bloch, um "pulso" de esperança. Aliás, já o título do ensaio o anuncia "A *M.O.R.T.E.* e o Parangolé", fazendo taxativamente a remessa à celebração fecundante das forças criativas na vida e na arte na *performance* sinestésica do artista carioca. E a invocação da vida-obra de Oiticica é tanto menos gratuita quanto identifica no teatro do *régisseur* da ópera seca o mesmo princípio e elã de rigorosa composição construtivista com o rito iniciático dos sentidos "na festa barroquizante do carnaval". Evoé! É o grito que o poeta ouve ecoar. E ele faz coro: "que chova sobre a nossa poesia".

O apelo é entusiástico e quem o inspira é o poeta criador que se superpõe ao espectador crítico, dando voz e gesto ao chamado, desta vez, da cena. Pois, com o poder das águas, começa a se lhe propor, não mais como uma difusa Glaux do fundo, porém impositivamente, no proscênio, a simbiose com a linguagem do teatro. De fato, Haroldo de Campos elabora neste momento, em sua oficina de invenções, um tríptico poético-dramático-crítico sobre o tema do Fausto. São três versões do mesmo *tópos* urdindo as duas cenas da transcriação haroldiana[2] do texto de Goethe, barroco-medieval, com as clivagens simbolistas do *Graal* e alguns quadros hiper-realistas. O intento, ou melhor, a tentação é fazê-lo reverberar sobre si próprio em um auto da criação e da danação, pelo que o projeto[3] faz imaginar. E se é permitido aventurar-se mais um pouco, talvez se possa entrever nessa montagem prismática não apenas a transluciferação das faces do pactário e dos estilos de suas máscaras, mas, acima de tudo, a transluciferação de sua alegoria pelo jogo mefistofársico de suas alegorizações. Linguagem efetiva do teatro a encenar-se como teatro de linguagens, parece dispor de tal modo os seus espelhos de representação que o caleidoscópio de imagens tematizadas enforma a imagem do ator, seu autor: aquele que fala pelo corpo com o espírito. No foco: o poeta.

Galáxia expandindo-se em xadrez de estrelas, a obra de Haroldo de Campos tem a dimensão poética da palavra em ato, no papel e na cena.

---

2. Haroldo de Campos, *Deus e o Diabo no Fausto de Goethe*, São Paulo, Perspectiva, 1981.

3. Embora sem alcançar uma forma inteiramente decantada e resolvida, a proposta foi objeto de uma encenação experimental no Rio de Janeiro, em 1997, sob a direção de Gerald Thomas e com a participação de Bete Coelho e o elenco da Casa das Artes de Laranjeiras, tendo despertado o interesse da crítica e a expectativa de que suscite um espetáculo finalizado.

13. Texto ou Pretexto

O surto do chamado "teatro do diretor" nos últimos anos valorizou sobremaneira a invenção cênica como tal e a sua qualificação estética, que se, de uma parte, apresentou, a partir do século XIX e principalmente com a definição do estatuto artístico do encenador, uma crescente objetivação e visibilidade crítica e pública, de outra parte só mais recentemente configurou-se como uma tendência marcante do teatro contemporâneo.

Como toda corrente que adquire direito de cidadania na arte, esta também se distingue por uma presença específica de realizações singulares e representativas de seu modo de ser, cujo arrolamento e exame não cabe empreender aqui, já por sua riqueza e sua amplitude, as quais exigiriam de uma análise mais cuidadosa um longo acompanhamento histórico e exame crítico. Entretanto, ainda como toda corrente desta natureza, este tipo de criação dramática encerra, dentre numerosas e felizes soluções, alguns problemas que colocam em xeque não só a concepção tradicional de dramaturgia como o próprio texto no teatro.

Não há menor dúvida de que no teatro tudo é válido, desde que a resultante dos esforços criadores ofereça ao seu destinatário, a plateia, qualquer que seja ela, uma obra convincente, não por qualquer "fidelidade" literária ou respeito por cânones previamente estabelecidos, mas por suas virtudes cênicas, pela poesia de imagem e palavra, em maior ou menor proporção de uma em relação à outra, e pela força trágica, cômica ou tragicômica da exposição dramática.

Isso posto, compreende-se que não há por que impugnar, em princípio, o uso que o inventor teatral possa fazer do legado dramatúrgico consagrado com o direito de permanência clássica, ou de quaisquer outros escritos modernos ou antigos, provenientes ou não da literatura dramática propriamente dita. Os acervos da épica e da lírica, por exemplo, no plano da norma culta ou popular, são provedores tão legítimos quanto as obras assinadas pelos mais reconhecidos gênios da locução dramatúrgica e da imaginação encenante. Se Mnouchkine fez do relato histórico da Revolução Francesa, se Peter Brook fez do relato lendário do *Mahabarata* védico e se Antunes Filho fez do relato mítico do Gilgamesh babilônico o que cada um deles fez, produzindo alguns dos maiores e mais marcantes espetáculos de nosso tempo, é evidente que só se poderia pôr em questão a procedência formal de seus materiais por um espírito tacanho de dogmatismo estético.

De modo que, nas linhas que nortearam a presente reflexão não há lugar para as conhecidas acusações com respeito à indiscriminação com que os diretores buscam atualmente os componentes textuais de suas obras no palco. Fala-se em falta de critérios, em manipulação arbitrária e em destruição do teatro de repertório *tout court*. E como resposta propugna-se até a volta pura e simples à fidelidade estrita à letra. Uma outra proposta é a do livre uso das peças mais renomadas e de eficácia cênica comprovada. Esta, aliás, é uma das que têm recebido a melhor acolhida, mesmo porque não há homem de teatro, ator, encenador ou "dramaturgista" que não queira pôr-se à prova em um confronto direto com um Shakespeare, um Calderon, um Sófocles ou um Tchékhov. Tal desafio faz parte da própria natureza da arte do comediante e de sua explicitação cênica nas grandes máscaras do drama e da comédia.

Mas é justamente aí que aparece um problema difícil de resolver e muitas vezes um impasse. Até onde a criatividade e a teatralidade podem dispor a seu bel-prazer, segundo ditames intrínsecos exclusivamente ao seu próprio estro, das estruturas e valores de composições e de personagens concebidos, construídos e firmados de um modo definido, se não definitivo? Quando se retira uma peripécia de menor importância ou uma figura secundária, que podem até ter uma bela expressão no escrito canônico, a economia geral da peça pode não ser afetada. Ou então, quando se altera o ritmo de algumas ações, ou se modificam determinadas relações de força, ou ainda a interpretação de certas características sem interferir na proposta básica, as variações e os recortes podem até ser benéficos para os efeitos dramáticos visados. Mas como julgar uma intervenção que, por exemplo e para fins de argumentação, transmute o caráter trágico do Rei Lear em uma feição puramente cômica ou desbragadamente melodramática? É claro que estes traços estão também contidos na peça shakespeariana, mas aí eles estão dominados pelo vetor trágico e não são dominantes. Um outro caso que é possível trazer à baila é o do repertório tchekhoviano. Uma tendência que vem caracterizando as suas montagens mais recentes em nossos palcos é o de expungi-lo de sua marcação psicológica, não tanto no plano das máscaras individuais, quanto no da "atmosfera" que as envolve. Ora, tal procedimento oferece o benefício de dinamizar a ação e mesmo de precipitá-la por sua incorporação física imediata nos caracteres, porém atinge na medula o tempo existencial que o autor suscitou a fim de consumir-lhes o sentido de suas vidas.

Vê-se que, por deliberação ou como subproduto, a natureza da dramaticidade articulada na obra e a própria organicidade de sua construção teatral ficariam por este viés, nos autores acima citados, gravemente atingidas e mesmo aniquiladas. Isto significa que o uso do texto, e sobretudo de um texto carregado pelo consenso de validade estética em função de um determinado perfil, não pode servir como um mero pretexto para a invenção cênica, mesmo que bem-sucedida. Ou melhor, nessa hipótese, o inventor do novo *script* deve assumir plenamente a sua autoria e responsabilidade, e não deferi-la, com um simples rótulo de "adaptação", ao original e ao seu criador. Meierhold percebeu muito bem esse limite ético e artístico quando em sua hoje lendária encenação de *O Inspetor Geral*, de Gógol, atribuiu a si próprio o conjunto da versão que estava pondo no palco e no qual realizou um extraordinário trabalho de reformulação intrínseca da peça, segundo propósitos específicos da sua *mise-en-scène* voltada para o grotesco, com materiais do próprio novelista de *Almas Mortas*.

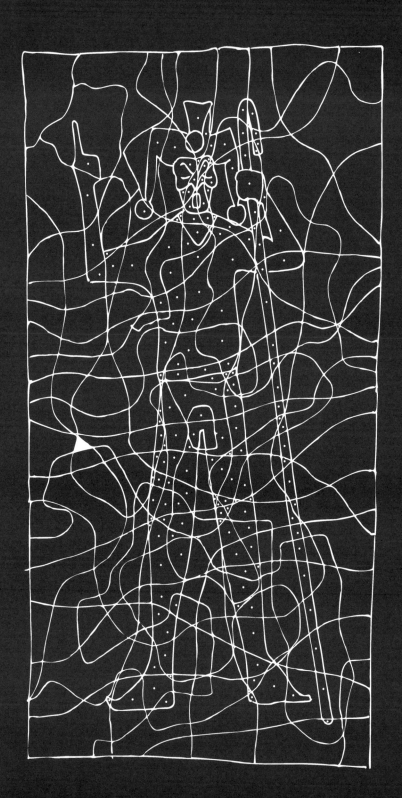

14. Elementos de Espetáculo e Drama entre os Antigos Hebreus

Historiadores e pensadores no século XIX e mesmo em nossos dias, ofuscados pelo brilho da literatura bíblica, baseados nos profundos efeitos que a rigorosa proibição mosaica de representar a figura humana exerceu nas artes plásticas e dramáticas dos judeus, levados pelo alto grau que essa modalidade de criação alcançou em outras civilizações da Antiguidade e por seus frutos comparativamente mirrados entre os hebreus, falaram de uma *oposição formal* entre o espírito de Israel e a pintura, a escultura e o teatro. É claro que nesses termos, que correspondem inclusive à visão de Hegel na sua *Estética*[1], certas peculiaridades da cultura hebraica e de suas principais manifestações encontram uma resposta infelizmente empobrecedora. Pois as consequências finais de um longo processo histórico, em cujo transcurso a vida social e a produção cultural valeram-se de todos os seus instrumentos e meios de expressão, são destarte reduzidas a uma simples contradição de princípio ou de ideias consubstanciadas em individualidades coletivas. O resultado é que uma cultura multifacetada, vista sob o prisma de uma de suas criações, embora a mais característica, e sob o nome genérico de "judaísmo", é compelida a apresentar apenas os frutos ressequidos de uma generalização atentatória à polimorfia de sua presença histórica.

No terreno das artes plásticas, por exemplo, as descobertas da arqueologia bíblica e pós-bíblica, que vêm se multiplicando de manei-

[1]. *Esthétique*, t. I, Aubier, p. 97.

ra impressionante desde o ressurgimento do Estado judeu e hoje compõem um acervo significativo, invalidaram amplamente essas teses. Embora formassem um povo pequeno, fundamentalmente agrícola e pastoril, pouco dado em sua terra ao grande comércio e aos artesanatos de mercado, mesmo no período do Segundo Templo, e vivessem num país relativamente pobre – apesar de ser uma das encruzilhadas do tráfico internacional da época – onde a corte, o sacerdócio, a nobreza e a classe mercantil jamais puderam acumular as fabulosas riquezas que permitiram, de um ou de outro modo, a expansão do gênio e a prática artística de outras nações, embora sujeitos a uma acidentada história política que, amiúde, desviou o curso de seu processo cultural, os hebreus criaram uma arte com inflexões próprias. As ruínas salomônicas de Meguido (*Str.* IV), os marfins de Samaria, os palácios asmoneus e sobretudo herodianos, a arquitetura sinagogal da Galileia (Cafarnaum), os mosaicos de Bet Alfa e os afrescos (ainda que tardios) de Dura Europos com suas figurativas cenas bíblicas, testemunham-no. São produtos inegáveis de uma sempre renovada atividade artística hebreia. E, por modesta que seja, tal arte surge como expressão legítima da vida e do espírito de Israel antigo, com motivos e plasmações, símbolos e tradições específicos, não obstante toda a colaboração e influência canaanita, fenícia, persa, helenística e romana, contradizendo com sua mera existência as posições aprioristicas sobre as elaborações judaicas na arte e o conceito (ou preconceito) de que o interdito do segundo mandamento[2] reinou inconteste entre os hebreus.

É compreensível, portanto, que não se deva aceitar tampouco sem maior exame uma outra assertiva, intimamente ligada à anterior, segundo a qual os judeus foram, por princípio, infensos à manifestação dramática. Na verdade, estudos empreendidos particularmente a partir da década de 1920, tais como os de B. Gorin, I. Tzinberg, I. Schatzki, I. Schiper, para mencionar alguns pesquisadores que exploraram em profundidade as fontes judaicas[3] e trouxeram contribuições importantes sobre o assunto[4], mostraram que tal ponto de vista está longe de corresponder aos fatos.

2. *Êx.*, 20:4: *Deut.*, 4:16-18 e 5:8.

3. Um trabalho de grande interesse no tema é o que o famoso diretor e teatrólogo russo N. Evrêinov publicou sob o título de *Azazel e Dionísio*. Aí, como em tudo o que escreveu sobre o teatro, pagou tributo aos brilhos momentâneos de um espírito agudo, imaginativo e satírico. Sua ligeireza, no entanto, vem sempre acompanhada e contrabalançada por profundas intuições e erudição, que deram contribuições notáveis ao pensamento e à criação cênicas. Em *Azazel e Dionísio*, em particular, Evrêinov estuda o antigo holocausto hebreu de um bode expiatório como uma forma de espetáculo primitivo que não chegou a ser desenvolvido em mistério dionisíaco por causa do monoteísmo judaico.

4. A estes trabalhos pioneiros somou-se, nos últimos cem anos, uma larga messe de estudos acadêmicos desenvolvidos nas universidades sobretudo israelenses e norte-americanas.

Sem dúvida, o veto religioso era formal e absoluto. Mas é preciso considerar que a sua constante reafirmação pelos expoentes da ortodoxia indica, precisamente, a sua contínua infração pelo povo, ou seja, uma persistente tendência em sentido contrário. Ora, esta hipótese encontra um bom fundamento não só nas formas e na vibração dramática de alguns livros da Bíblia, como *Jó*, *Cântico dos Cânticos*, *Rute*, ou na intensa polêmica[5] dos mestres da *Mischná* e do Talmud contra o helenismo em geral e o teatro grego em particular – o que poderia indicar a existência de um incipiente teatro judeu-helenístico[6], fruto do próprio contato e confronto entre as duas culturas –, mas também nos elementos autóctones e inerentes aos festejos populares e religiosos.

* * *

Seguindo o relato bíblico, descobriremos entre as tribos de Israel alguns dos elementos objetivos e subjetivos que condicionaram o aparecimento da arte dramática entre outros grupos histórico-culturais. Como estes, os hebreus também exteriorizaram as suas alegrias e terrores, as suas carências e transbordamentos, enfim todas as suas reações frente à natureza, aos eventos da atividade pastoril e agrícola, e frente aos fenômenos da vida psíquica e social, com ritos de invocação e esconjuração de seres sobrenaturais, benéficos ou maléficos. O ritmo da dança e o colorido da celebração espetacular, expressões legítimas do antigo culto, também marcaram nos festejos populares de Israel o despertar da consciência coletiva, o encarecimento dos laços étnicos, políticos e religiosos, representados pela exaltação conjunta dos símbolos e mitos tribais e populares[7].

Assim, é fato conhecido que a dança ritual figurava entre as mais antigas e importantes práticas religiosas dos primitivos hebreus, e dos povos semitas em geral. A palavra hebraica *hag*, que correspondia ao termos "roda", "círculo", tornou-se sinônimo de "festa"[8]. O culto era público, os deuses eram evocados ou esconjurados em voz alta, como indica o vocábulo "Aleluia", e as cerimônias eram acompanhadas de gestos, movimentos rítmicos e danças em torno dos *sacra*, altar ou vítima[9]. Disso é testemunho o Pentateuco. O *Êxodo* nos relata a dança do povo em volta do bezerro de ouro[10].

---

5. Estribada com frequência no Salmo 1:1: "Feliz o homem que [...] Nem na roda dos escarnecedores se assenta".
6. Cf., na sequência deste trabalho, "Indícios de Atividade Teatral entre os Judeus na Época Helenística e Romana".
7. *Alg(u)emeine Entziklopedie in Iídisch*, vol. 2, p. 130.
8. *Idem*, vol. 2, p. 114.
9. A. Lods, *La Religion de Israel*, pp. 20-21.
10. *Êx.*, 32:6-17, 19.

Também os acontecimentos da vida social e política, sempre expressos através do culto, eram comemorados com cantares e danças. É ainda o *Êxodo* que nos fala do hino de júbilo entoado por Moisés e os filhos de Israel, ao se livrarem da perseguição dos egípcios: "Cantarei a Iahvé porque gloriosamente triunfou"[11]. E no auge da alegria: "A profetiza Míriam, irmã de Aarão, tomou um adufe[12] em sua mão; e todas as mulheres saíram atrás dela com adufes e danças. E Míriam respondia-lhes: 'Cantai a Iahvé [...]'"[13]

Como entre outros povos, paralelamente ao desenvolvimento econômico e à estruturação social, à fixação na vida agrícola e sedentária, essas festividades evoluíram, adquirindo uma significação cada vez mais ampla, integrando-se na religião nacional, em início de formação. E os festejos receberam o selo da tradição, que os determinou até os detalhes, transformando-os em pomposas solenidades impregnadas de efeitos decorativos e espetaculares.

As três festividades, citadas no *Êxodo*[14], *Pessakh*, *Schavuot* e *Sucot*, além de outras que encontramos nos demais livros bíblicos, adquiriram no curso do tempo um sentido histórico e nacional, que não possuíam primitivamente, e o colorido das grandes cerimônias públicas.

Das três, o *Pessakh*, a Páscoa, é evidentemente a mais antiga, remontando a sua origem ao período errante e pastoril, quando provavelmente o sacrifício pascal se destinava a afugentar demônios. Mais tarde, ligou-se à vida campestre e passou a simbolizar o renascimento da natureza, a primavera. E finalmente recebeu um sentido histórico, vinculando-se à libertação do cativeiro egípcio. Além de seu caráter doméstico, que se desenvolveu na cerimônia do *Seder* ("Ordem") realizado em família no primeiro dia[15] de *Pessakh* e cujo desenrolar é até hoje tão rico em elementos cênicos[16], tinha também um caráter público – coletivo e nacional – expresso nas sugestivas celebrações rituais de que Jerusalém era palco na véspera da Páscoa, quando se imolava o cordeiro pascal, e no último dia de *Pessakh*.

Com o *Schavuot*, festa das primícias ou Pentecostes, assistimos a uma evolução mais ou menos idêntica. Inicialmente, fora uma comemoração agrícola ligada à Páscoa. Mais tarde, integrou-se no edifício

---

11. *Êx.*, 15.
12. Espécie de pandeiro.
13. *Êx.* 15:20, 21.
14. *Êx.* 23:14.
15. Em Israel o *Seder* é celebrado somente no primeiro dia, ao passo que na Diáspora ele se estende também ao segundo.
16. O cerimonial encerra tais elementos não só pelo rigor e minúcia com que é preparado e levado a cabo (encenado), mas também pelo fato de seus principais protagonistas, o chefe de família (dono da casa), sua mulher e filhos assumirem funções ficcionais, que se aproximam das de personagens, pois se constituem em "rei", "rainha", "príncipes" do banquete festivo.

religioso e a tradição quis ver no primeiro dia de *Schavuot* o dia em que os judeus receberam a Torá no Sinai. Entretanto, tendo conservado em parte a sua feição popular, o *Schavuot* oferecia, ainda na época do Segundo Templo, um espetáculo verdadeiramente deslumbrante, onde descobrimos a cada passo sementes teatrais.

Assim, a *Mischná* relata que os agricultores judeus se reuniam para levar em peregrinação, ao Templo, a oferenda das primícias. Abria o cortejo um touro, com os chifres ataviados de ouro, destinado ao sacrifício. Seguiam-no o cabeça da procissão e uma orquestra de flautas. Chegando ao santuário, eram recebidos por coros de levitas, que cantavam e tocavam, enquanto as dádivas passavam às mãos dos sacerdotes.

O *Sucot*, a festa da colheita ou dos Tabernáculos, também nasceu no âmbito agrário e, posteriormente, foi relacionada com a saída do Egito. As antigas tendas recobertas de folhas de palmeira, provavelmente para armazenar a produção agrícola ou abrigar os que a ela se dedicavam, transformaram-se em tabernáculos.

Uma cerimônia de grande interesse como espetáculo era a que se realizava no primeiro dia de *Sucot*; trata-se da chamada Festa de Tirar Água, quando se procedia à oferenda da água, que era derramada sobre o altar do Sagrado Templo. A prática derivava, possivelmente, de primitivos ritos agrários com o objetivo de propiciar a queda de chuvas, que em Israel começam por volta de *Sucot*.

Ainda no primeiro dia, enquanto os servidores do santuário, com um jarro de ouro, vertiam água sobre o altar, o povo se conglomerava no pátio do Templo e, ao som de trombetas, principiava os festejos. Quatro enormes *menorot* (luminárias) eram acesas e, à noite, espalhavam sua luz sobre a cidade. Em torno de cada uma, grupos de populares, empunhando archotes, punham-se a cantar e dançar freneticamente, lançando os fachos para o ar e fazendo acrobacias para apanhá-los, ao mesmo tempo que rapazes postados junto às *menorot* deitavam óleo nelas a fim de conservar-lhes a chama. O povo cantava e bailava, e numerosos conjuntos de levitas permaneciam na escadaria que levava para a seção masculina do Templo, tocando os mais variados instrumentos e entoando *O Canto da Escada*.

A outra classe de celebração pertencia o Décimo Quinto Dia de Ab. Era uma das festas puramente populares. Nessa ocasião, o último dia em que os lenhadores cortavam árvores nos bosques, realizava-se a festa do "machado quebrado". E "As filhas de Israel saíam [...] e dançavam nos vinhedos. E o que diziam? – Rapaz, ergue agora teus olhos e vê bem a quem escolhes. Não te fies na beleza, pensa na estirpe da qual descende a tua eleita[17]. Na mesma categoria pode-se inserir a celebração da primavera, cujas canções foram imortalizadas

---

17. *Misch.*, *Taanit*, 4:8.

na literatura universal sob o título de *Cântico dos Cânticos*. Estes corais eram entoados e dançados por dois grupos: um de homens e outros de mulheres, encabeçados pelos respectivos solistas, que travavam um diálogo de amor primaveril na natureza renascente após a morte hibernal.

Tanto nas três festividades principais, como nas outras, observamos que, tendo a classe sacerdotal no seu todo, isto é, compreendendo levitas e *kohanim* (sacerdotes propriamente ditos), firmado gradualmente a sua ascendência na vida coletiva e, consequentemente, nas comemorações que a simbolizavam, relegaram pouco a pouco a massa do povo à posição de simples figurantes, quando não de mera plateia substituída e representada pelos coros. Essa evolução, porém, favorecia o desenvolvimento dos elementos teatrais contidos nos festejos, que enriquecidos de novas articulações estéticas e formais redundavam em autênticos espetáculos organizados, onde sacerdotes e levitas desempenhavam, sem um propósito artístico consciente, o papel de atores[18], enquanto o conjunto de fiéis comparecia como figurante ou auditório.

Esse desenvolvimento, contudo, não destruiu a necessidade de expressão e participação ativa sentida pela multidão. Esta vinha à tona sempre que possível, seja através de brechas existentes nas solenidades tradicionais e de outras semelhantes ao Décimo Quinto Dia de Ab, que mantinha o seu caráter popular, seja através de celebrações casuais, como aquela efetuada após a vitória sobre os filisteus, quando as mulheres receberam os vencedores, dançando e cantando: "Saul venceu mil, mas Davi venceu dez mil [...]"[19]

* * *

As modificações no sentido e na estruturação das festividades correram, naturalmente, em linhas paralelas ao processo geral de diferenciação econômica, concentração e crescimento urbanos e incremento do artesanato. Tal curso favoreceu o progresso da sociedade hebreia em geral, criando as condições de cultura sacra e cortesã, que começou a cristalizar-se sob o impulso dos acontecimentos políticos e religiosos encetados com a coroação de Saul, como rei de Israel.

Na realidade, esse processo alcançou a sua primeira expressão marcante nos dias de Davi, quando o vencedor de Golias completou o trabalho de unificação nacional – apesar da transitoriedade da

---

18. A função actancial de todo oficiante, em qualquer rito ou credo, acentua-se extraordinariamente em cerimônias e rituais mais elaborados, independentemente do grau da comunhão espiritual, mística, existencial, vital ou carnal que se estabeleça, no ato, entre ele e o objeto de seu ofício.

19. *Sam. I*, 18:6.

integração política – e encontrou o necessário polo da vida política, religiosa e cultural de Israel: Jerusalém.

A conquista de Jerusalém e sua conversão em capital do reino davídico resultou na reestruturação dos serviços religiosos, palacianos e estatais, e portanto no florescimento do comércio e do luxo. E com isso, a cultura em geral e principalmente as artes encontraram um terreno fértil que deu origem às primeiras expansões, mais diferenciadas e sistematizadas, de alguns de seus ramos.

Se ao teatro não foi dado um palco nessa cultura, nem por isso é ela isenta de inflexões que é lícito trazer à luz em contexto teatral. De fato, a arte irmã do drama, a música, oferece alguns vestígios de interesse dramático, que são tanto mais significativos quanto a arte musical dos hebreus atingiu, reconhecidamente, um grau bastante elevado.

O canto e a música instrumental, com a construção do Sagrado Templo e do Palácio Real, nos reinados de Davi e Salomão, abandonaram o anonimato popular, passando a ter funções definidas. Surgiram músicos e cantores profissionais, educados especificamente para tal fim, destinados à corte e ao santuário.

Davi determinou aos cabeças da tribo levítica que assegurassem os serviços musicais do Sagrado Templo, e nada menos do que quatro mil foram incumbidos dessa missão[20]. "Davi ordenou aos principais dos levitas que de seus irmãos constituíssem os cantores, com instrumentos de música, com alaúdes, harpas e címbalos, para que tocassem e levantassem a voz com alegria"[21]. Os levitas formaram, portanto, coros de músicos profissionais que se faziam ouvir em todos os festejos do Templo e da corte.

O repertório desses corais era composto principalmente dos salmos. Estes eram coletâneas de cânticos populares em louvor aos deuses, transformados com a evolução da religião nacional[22] em hino à Divindade. Provavelmente, os primeiros saltérios foram reunidos no tempo de Davi – a quem a tradição passou a atribuir a autoria de tais hinários e que por isso é também chamado "o Salmista" – ou então, simplesmente, acompanharam a constituição dos coros como um repertório natural, consagrado por seus laços seculares com os ritos do povo.

Mas, em relação ao tema ora em foco, o que vale ressaltar é, acima de tudo, a forma de se entoar esses cantos, isto é, de se salmodiar. Assim, além do acompanhamento instrumental, os corais utilizavam o modo responsivo, ou seja, estabelecia-se um *diálogo* musical, às

---

20. *Crôn. I*, 23:5.
21. *Idem, ibidem*.
22. O problema do monoteísmo judaico e de suas origens históricas é altamente controverso, havendo correntes que negam inteiramente que tenha havido um politeísmo inicial ou uma deidade única, de natureza apenas grupal, entre os hebreus (I. Kauffman e outros).

vezes entre dois conjuntos diferentes[23] e, outras vezes, entre o coro e o solista, o *menatzeiakh* hebreu, o corifeu grego. No Salmo 146, por exemplo, o coral e o *menatzeiakh* se alternavam:

> Aleluia!
> Louva o Senhor ó minha alma.
> Enquanto eu viver hei de louvar o Senhor.
> Cantarei ao Senhor enquanto eu existir...

O Salmo 107 era provavelmente cantado pelo solista e o coro entoava somente o verso final. No Salmo 113, o corifeu apenas iniciava: "Aleluia! Louvai, servos do Senhor, louvai o nome do Senhor...", e o coral prosseguia.

* * *

Para esboçar um quadro mais sensível dos elementos de espetáculo e teatro entre os antigos hebreus, cumpre descrever uma celebração extremamente significativa, que talvez tenha reunido, mais do que qualquer outra, os dispersos e embrionários pré-requisitos de um palco dramático judaico.

Sabe-se que o teatro grego teve o seu berço no altar orgiástico de Dioniso, deus da fertilidade, cujo símbolo mais comum era o bode. O mito popular sobre o ciclo da natureza no perecimento e ressurreição da terra, sintetizado no mistério dionisíaco, era objeto de grandes festas. Nessas ocasiões, organizavam-se cortejos fálicos, em que grupos de populares dançavam freneticamente e cantavam ditirambos, celebrando a morte e ressurreição do deus da fecundação. As sucessivas transformações desses festejos deram origem às formas específicas, tragédia e comédia, da arte dramática.

Entre os hebreus, também se encontram reminiscências do culto capro e do mito da fecundação. Sofrendo um curso similar ao que se apontou em outras práticas dos filhos de Israel, em seus primeiros tempos, a lembrança do mencionado ritual conservou-se, com um sentido modificado, numa das datas máximas da religião judaica, o *Iom Kipur*, o Dia da Expiação.

Já o Pentateuco alude à adoração de bodes, bezerros e outros animais. Assim, no *Levítico*[24] figura a seguinte passagem: "E não mais oferecerão sacrifícios aos *seirim*, aos quais idolatram". Além desta menção, há outras indicações, como o conhecido episódio do bezerro de ouro e a descrição dos pecados de Jeroboão: "E Jeroboão constituiu para si sacerdotes dos altos, dos bodes e bezerros que fizera"[25].

23. *Neem.*, 12:31.
24. *Lev.*, 17:7.
25. *Crôn. II*, 11:5.

Os vestígios do referido culto patenteiam-se ainda mais no cerimonial do *Iom Kipur*. No código sacerdotal, o *Levítico*, o bode é citado entre os sacrifícios expiatórios pelas faltas do príncipe (5:22) e do povo (9:3) especificamente, mas não há referência nessas passagens a uma data determinada ou ao uso ritual do cabrão com o caráter de emissário. Só do cap. 16 do mesmo texto consta explicitamente que, por determinação de Iahvé a Moisés, Aarão deveria expiar as faltas de Israel e os seus próprios pecados, com vários holocaustos e ritos, em cujo rol figura a dedicação de dois bodes: um, para ser levado ao altar do Senhor, e outro, enviado a Azazel, no deserto. E é aí, na conclusão do citado capítulo[26], depois de descrever com minúcia as oferendas e os procedimentos para remir as culpas, que o conjunto é ligado a um dia preciso do calendário:

> E isto vos será por estatuto perpétuo: no sétimo mês, aos dez do mês afligireis vossas almas, e nenhuma obra fareis, nem o nativo nem o estrangeiro que peregrina entre vós./Porque naquele dia se fará expiação por vós, para purificar-vos; e sereis purificados de todos os vossos pecados perante o Senhor[27].

Talvez em íntima relação com esse rito, cujas origens se perdem na história dos primitivos hebreus e dos grupos semíticos, realizava-se um festejo que denunciava acentuado parentesco com os da fecundação. Segundo narra Raban Simão ben Gamaliel, na *Mischná*[28], outrora o *Iom Kipur* não era apenas um dia de penitências e lamentos, mas também de comemoração e júbilo. Nessa ocasião, bandos de moças judias reuniam-se nos vinhedos, dançando e entoando cantares eróticos. E era então que se contratavam numerosos matrimônios.

Tudo isso nos lembra singularmente do culto do Dioniso grego. Azazel era possivelmente a sua versão semita[29] ou hebreia, que havia sido cultuado com rituais fálicos, cujos indícios ainda se conservavam nas danças e toadas das filhas de Israel. E o caráter expiatório do *Iom Kipur* talvez tivesse surgido do sacrifício votado à morte do primitivo Dioniso hebreu. Entretanto, com o ascendente do culto de Iahvé, o duplo aspecto do rito – morte e ressurreição – foi-se dissociando e transformando, pronunciando-se no dia a ele dedicado

---

26. *Lev.*, 16:29-34.
27. *Lev.*, 16:29,30.
28. *Ioma*, 1-7, e mais especialmente, em 4:2, 4:12, 6:26.
29. Não só o próprio mito dionisíaco fala expressamente da relação do "deus coxo" com o mundo oriental, como a raiz mesma desse culto orgiástico, a cultura da vinha, encontra um de seus principais terrenos de frutificação na Ásia Menor e Palestina, onde "as orgias do vinho – a Festa Canaanita dos Tabernáculos era, originalmente, uma bacanal – apresentavam-se primitivamente marcadas em grande parte pelos mesmos êxtases que as orgias da cerveja na Trácia e Frígia", *The Grek Myth*, vol. 1, p. 107, (27-1).

o caráter penitencial e o povo passou a remir-se, inicialmente do pecado de idolatria a Azazel e, posteriormente, de todas as culpas cometidas de uma a outra celebração do *Iom Kipur*. E, a imolação de um bode a Iahvé, nesse dia, e o desterro de outro, o que portava o signo de Azazel, seria justamente a consignação simbólica da vitória do primeiro sobre o segundo.

É difícil precisar até quando tal simbolização continuou a comunicar, na leitura maciça dos cultuantes, algo de seus antigos significados, mas não há dúvida de que, no correr do tempo, ela desenvolveu tamanha riqueza de elementos teatrais e dramáticos que, em sua última fase, nos dias do Segundo Templo, pouco faltou a suas apresentações para desembocarem numa espécie de mistério ou auto teatral hebreu. Para se ter uma ideia desse espetáculo religioso, vejamos como o texto mischnaico[30] o descreve:

Os dois *seirim* de *Iom Kipur* precisavam ser iguais na forma, tamanho e valor. O Sumo Sacerdote surgia do lado direito do pátio do Templo, perto da face norte do Altar. Em sua companhia, vinham: o *Seguen*, vice-sumo pontífice, à direita; o *Ab-Beit-Ab*, chefe do grupo de sacerdotes em serviço, à esquerda. No local, já se encontravam os dois bodes e a urna da sorte. Numa das pedras estava gravado: "Para o Senhor"; e na outra: "Para Azazel". Se a mão direita continha a pedra com o nome do Senhor, o *Seguen* exclamava: "Senhor Sumo Sacerdote! Ergue a tua destra!" Se era a mão esquerda que a continha, o *Ab-Beit-Ab* exclamava: "Senhor Sumo Sacerdote! Ergue a tua sinistra!" E o Sumo Sacerdote estendia os braços sobre os dois bodes e proclamava: "Ao Senhor o sacrifício expiatório pelo pecado!" E todos aqueles que o cercavam, respondiam: "Louvado seja o Glorioso Nome, rei do universo para a eternidade".

Em seguida, o Sumo Sacerdote atava aos chifres do bode emissário uma fita escarlate, conduzindo-o até a muralha, no ponto por onde teria de sair; depois, atava também uma fita escarlate no bode destinado ao sacrifício. Imolado o bode e um novilho também, tomava o sangue das vítimas e o aspergia diversas vezes sobre o altar de ouro. Por fim, o Sumo Sacerdote aproximava-se do bode expiatório e, estendendo os braços sobre o animal, dava início à confissão a Iahvé:

> Por favor, Senhor! O teu povo, a Casa de Israel, pecou, murmurou e praticou o mal contra Ti. Por favor, Senhor! Perdoa a culpa, as maldades e os pecados cometidos e praticados por Teu povo, a Casa de Israel; pois está escrito na Torá de Moisés, teu servidor: "Que neste dia expiem [...]"

E os sacerdotes e toda a assembleia de fiéis reunidos no pátio, tão logo o pontífice supremo pronunciava o nome do Senhor, caíam de

---

30. *Ioma*, 4:1,2.

joelhos, com as faces prostradas até o chão, e exclamavam: "Louvado seja o Glorioso Nome do Senhor, rei do universo para a eternidade!" O Sumo Sacerdote entregava então o bode expiatório a um determinado guia que o conduzisse ao deserto.

Qualquer judeu podia desempenhar o papel de guia, mas os *kohanim* não permitiam que um simples homem do povo o fizesse, escolhendo sempre alguém de prol. O capro emissário não era levado pelos caminhos comuns. Mas construía-se especialmente para a ocasião um estrado alto que ia do pátio do Santuário até os arredores da cidade. Isso porque a multidão costumava arrancar as barbas do bode, aos gritos: "Livra-nos depressa de nossos pecados e vai embora com eles!"

Os mais conceituados habitantes de Jerusalém acompanhavam o bode expiatório até a primeira *sucá* (barraca). E dez *sucot* iguais eram erigidas até o fim do trajeto: o pico escarpado para onde conduziam o bode expiatório. Em cada *sucá*, o guia e o animal eram recebidos com as seguintes palavras: "Eis alimento e água". Assim, a multidão os seguia de uma *sucá* a outra; na última, a que antecedia a escarpa, o povo se detinha e ficava observando de longe. Ao alcançar o pico, o guia dividia a fita escarlate em duas. Prendia metade à rocha e outra metade aos chifres do animal, e começava a impeli-lo, até que o emissário rolasse montanha abaixo. Então, observadores postados ao longo da estrada, entre o Templo e a montanha, transmitiam o sinal combinado e, finalmente, o Sumo Sacerdote recebia a notícia: O bode expiatório atingira o deserto.

* * *

De tudo quanto foi aduzido anteriormente, pode-se depreender que os antigos hebreus não constituíram exceção à regra. De maneira tão natural e espontânea quanto outros grupos quaisquer procuraram satisfazer necessidades de expressão que, alhures, serviram de base à eclosão do teatro, tendo mesmo atingido alguns níveis de formalização que os aproximava da arte dramática. Mas a verdade é que, naquela fase pelo menos[31], o limiar nunca foi transposto na criação autóctone. Por quê?

Se a resposta não se encontra nas reduções formais das características do espírito judeu ou semítico[32], cabe procurá-la nos fatores que

---

31. Posteriormente, dentro de um judaísmo ainda mais rígido, como foi o da Idade Média e início da Renascença, surgiria o *Purim-schpil*, o *ludus* da Festa da Rainha Ester, como teatro farsesco dos guetos alemães e eslavos, em estreita conexão com a licença e a alegria carnavalescas que o *Purim* concedia, ao comemorar a salvação dos judeus ante os manejos de Hamã.

32. Não se pode falar de uma tendência geral dos semitas para uma Divindade abstrata, pois, se as tribos árabes se inclinaram, como os hebreus, para a crença em um Senhor das imensidões, que sobrepaira tudo, inapreensível, único, sem imagem, nem forma, os babilônios, cananeus e fenícios, também de cepa semítica, cultivaram um numeroso panteão de ídolos.

atuaram efetivamente na sociedade hebraica de então, encaminhando o seu fazer cultural no sentido que ele tomou. Um deles foi que, se no processo de centralização monárquica e teocratização, os cerimoniais chegaram a um elevado grau de preparo e brilho de apresentação, ocupando amplos espaços da *polis* sagrada, nunca conseguiram passagem para espaços da cidade profana, pois estes – à exceção, tampouco integral, do restrito e fechado lugar palaciano – simplesmente não existiam como pontos importantes de atração e irradiação artística e cultural. Tudo, no mundo hebreu, permanecia, e permaneceu cada vez mais no curso de sua evolução posterior para uma *civita Dei* de complexa mas estrita ordenação religiosa, sob a égide do sagrado. Não se desenvolveram nele, com o devido vigor e amplitude, estruturas e relações que instaurassem em seu âmbito o "secular" autônomo, de pleno "direito", com suas mediações, se não mais racionais, pelo menos mais abstratas. Assim sendo, o que quer que se produziu aí como espetáculo não lograva ultrapassar o limite do sagrado e sofrer uma reelaboração segunda que o distanciasse decisivamente em termos formais do envolvimento ritual-religioso, cujo caminho para a cena do teatro, mesmo que puramente cultual, encontrava-se, por sua vez, barrado pelo próprio caráter da Divindade de Israel[33] e pelas imposições daí decorrentes, bem como as da luta político-religiosa contra as concreções da idolatria. Embora uma coisa se prendesse à outra, a proibição de confeccionar em imagens a semelhança divina e humana era efeito, na prática sociorreligiosa, do processo teológico do monoteísmo hebreu, que colocou a supremacia de Iahvé sobre os *baalim* e deuses locais, primeiro, e, depois, a sua universalidade transcendente, numa essência que se explicitou historicamente, sobretudo através dos Profetas, como única, ilimitada, inabrangível, mas cujo princípio fundamental ficou definido desde logo, quando a voz divina diz a Moisés: "Eu sou aquele que sou"[34]. Tomado, portanto, além de toda materialização e particularização, não era passível de figuração plástica e muito menos de encarnação sensível[35], constituindo toda

---

33. Como fica patente num ritual tão elaborado quanto o do bode emissário, cuja evolução no sentido teatral estava eliminada já pelo fato de consagrar o triunfo de Iahvé e que, em virtude de seu princípio básico, não podia admitir representação nem por imagens representativas nem por representantes à sua imagem.

34. *Éx.*, 3:14.

35. É interessante notar que os elementos materiais associados à presença sensível de Deus entre os mortais são, além do som (voz portadora de Seu verbo), o fogo, o vento, o relâmpago, a fumaça, meios físicos que se caracterizam pela volatilidade, instantaneidade, leveza, variabilidade, transformabilidade, isto é, pela oposição à imobilidade, à fixidez das formas sólidas, e por seu parentesco com as qualidades etéreas e sutis do espírito. É verdade que a palavra divina pode ser inspirada diretamente, sem mediação de qualquer expressão visual, ou através de mensageiros celestes, descritos às vezes em encarnações humanas (vestígios de materializações pagãs) ou em aparições substancialmente similares às da Divindade.

tentativa de fazê-lo, inclusive sob a capa do mistério cultual, não só um pecado contra os Seus mandamentos, mas um atentado à Sua natureza íntima. Isto acabou afetando gravemente as sementes teatrais em germinação no meio hebreu. E não foi só porque produziu prescrições negativas ao trabalho nas artes figurativas ou porque serviu de fulcro aos demais fatores econômicos, políticos e culturais, que na vida de Israel antigo contribuíram para obstar o advento do teatro, mas também porque, na esfera da produção de modalidades estéticas de expressão, impediu praticamente o acesso por via interna e nativa à representação dramática como arte dos hebreus de então, na medida em que estancou o desenvolvimento do actante indispensável à polarização e síntese dos diferentes elementos teatrais dispersos, ou seja, a personagem. Esta viu-se, em consequência, condenada a apresentar-se apenas na literatura[36], sendo-lhe vedado qualquer ascenso ao palco.

36. O que talvez tenha algo a ver, sob um outro ângulo, com o acentuado dialogismo, não apenas da dialética talmúdica, da *halakhá*, mas sobretudo da produção agádica (lendária, ficcional) no mesmo contexto. Uma outra afinidade da mesma ordem e no modo de projetar personagens é a que surge nas fábulas e histórias dialogadas, bem como na *makama* árabe, tão apreciadas pelos judeus na Idade Média.

15. Indícios de Atividade Teatral entre os Judeus na Época Helenística e Romana

Um dos indícios mais positivos de uma atividade teatral judaica no período helenístico, e o primeiro testemunho inequívoco de uma escritura intencional e formalmente dramatúrgica entre os judeus, encontra-se nos 269 versos iambos trimétricos que restaram da peça *Exagoge* ("Iniciação" ou "Êxodo"), composta entre o II e a metade do I séculos a.C., por um judeu de Alexandria, Ezekiel ou Ezekielos, que Eusébio, na *Preparatio Evangelica* (9:28), cita, com base em Alexandre Polyhistor, e chama de "escritor de tragédias".

O fragmento subsistente, que parece representar a maior parte do texto, segue de perto o relato escritural do *Êxodo* – nos termos da *Septuaginta* (a versão grega, atribuída a setenta sábios), como o vocabulário faz crer – mas acrescido de materiais aparentemente agádicos (lendários) ou possivelmente de criações pessoais. A peça dramatiza a figura de Moisés e o *epos* nacional-religioso configurado na saída do Egito. Transmite, porém, o feito bíblico e seu herói envoltos em um halo que não se filtra do relato nem das tradições do mosaísmo original, e sim das especulações platônicas, místicas, órficas, esotéricas em que se movia o judaísmo helenístico e sobretudo o alexandrino[1].

---

1. As sínteses e sincretismos surgidos neste meio acabaram exercendo forte impacto sobre o próprio judaísmo palestinense e sobre o curso do espírito judeu em geral, em sua evolução ulterior. A literatura apocalíptica, a filosofia de Filo e importantes aspectos do cristianismo e das ideias de Paulo são seus produtos diretos. Sua impregnação foi longe, estendendo-se pelos escritos talmúdicos.

Ainda assim, ao que tudo indica, Ezekielos procura utilizar a forma profana, para os judeus, do discurso teatral, a fim de instruir nos sacros eventos um largo público, seja por motivos de apologia, seja de proselitismo ou de iniciação nos "mistérios" ou de preservação da fé. Afirmam alguns estudiosos que o seu objetivo principal era desviar do palco pagão os frequentadores judeus, o que por si falaria da presença destes entre os espectadores regulares nas encenações da época.

Como quer que seja, o texto denota, no autor, além de familiaridade com a língua e a versificação gregas, influência direta ou indireta de Eurípides, isto é, o trato com a tragediografia clássica, constituindo um exemplo da produção helenística no gênero dramático.

Afora este espécime dramatúrgico, depõe ainda a favor de uma possível atividade teatral judio-helenística a existência de ruínas e vestígios, na Palestina helenística e até em Jerusalém, na época herodiana, de edificações e anfiteatros para representações. Muito embora fossem estabelecimentos gentios, sem que se possa registrar algum de natureza especificamente judaica, é mais do que verossímil que em sua assistência se incluíssem numerosos judeus.

Quando se fala do espectador, a figura do intérprete surge imediatamente em cena. Por isso cabe perguntar: Quem atuava nos espaços teatrais existentes no meio judeu e com um provável público judeu? Será lícito pensar que eram ocupados exclusivamente pelas trupes gregas que percorriam a Ásia Menor ou por atores pagãos locais ou de outra proveniência? Parece duvidoso que se possa fazê-lo de maneira terminante. Em todo caso, é preciso assinalar, com B. Gorin, na *G(u)eschikhte fun Iídischen Teater* (vol. 1), e a *Encyclopaedia Judaica*, nos verbetes correspondentes, a presença de atores judeus nos palcos helenísticos e, comprovadamente, nos romanos. Um exemplo é Alitirus (ou Alytiro), citado por Flávio Josefo, outro é Faustina, cujo sarcófago nas catacumbas do século I ou II d. C. apresenta símbolos judeus e a palavra *schalom* ("paz"), e um terceiro é Menófilo, aparentemente um comediante, que é satirizado por Marcial. O próprio Talmud (*Bm.* 84a. *Git.*, 47a) informa que um erudito rabínico, Simão ben Lakisch, ganhava a vida como homem forte num circo em Séforis. Vê-se portanto que, apesar de escassos, há alguns indícios, sob uma ou outra forma, de uma atuação hebreia no teatro e até no circo antigos.

16. Um Fragmento da Peça de Ezekielos – Exagoge

Esta tradução do *Exagoge*, acompanhando uma recente versão para o inglês, de Charles Doria, apresenta a parcela principal do texto subsistente, de Ezekielos de Alexandria, isto é, a partir do momento em que aparentemente se inicia a ação (v. 58). O trecho omitido é um longo solilóquio introdutório. Nele, Moisés narra a vinda dos judeus ao Egito, a opressão de que foram vítimas, como ele próprio foi lançado às águas e foi salvo pela filha do Faraó (1-31); depois, descreve como tomou conhecimento de sua origem, vingou o judeu espancado pelo egípcio e fugiu do país por temer a vingança do Faraó (32-57). Além deste prólogo, excluiu-se também o diálogo de Tzipora com uma personagem chamada Hum, a quem ela diz que está casada com Moisés. A passagem, tal como se apresenta atualmente, reduzida a dois versos (66-68), parece desvinculada do restante da peça e, por isso mesmo, constitui-se num corte gratuito de seu desenvolvimento. De outro lado, para a melhor compreensão dos fragmentos, foram eles intercalados com citações bíblicas, que devem funcionar como referências de ordem, leitura e significação, além de servir de uma espécie de elemento coral. Com o objetivo de encaixar mais firmemente o abalado dispositivo dramático e a coerência das falas com os caracteres e locutores, o Mensageiro assumiu a denominação, primeiro, de Sobrevivente do Exército do Faraó e, depois, de Alguém de Elim.

EXAGOGE

(E deteve-se na terra de Median e sentou-se junto a um poço)

Moisés
Eu vejo sete moças junto ao poço.

(Ele se levantou, auxiliou-as e deu de beber a seu rebanho)

Tzipora
Forasteiro, chamam esta terra de Líbia.
Tribos de toda parte aqui se fixaram...
na maioria etíopes negros.
Um homem rege, conduz nossas guerras,
governa nossa cidade, cuida de Deus
e nos julga: meu pai.

(Moisés consentiu em morar na sua casa; e ele lhe deu Tzipora, sua filha)

Moisés
No Sinai eu vi
um trono no topo da montanha
tão grande que roçava a dobra do firmamento.
um príncipe de nobilíssimo semblante estava nele sentado,
com sua coroa e seu cetro.
Sua mão ordenou que eu me aproximasse Dele.
Eu me postei diante de Sua face.
Ele me estendeu o cetro:
Eu o peguei e me sentei.
Ele se ergueu e disse-me:
"Senta-te onde eu estava sentado".
Eu vi o mundo girando lá embaixo.
Eu perscrutei por sob aquela superfície.
Eu olhei para cima e vi a mim mesmo
observando-me.

(Ele disse: Tenho sido estrangeiro em uma terra estranha)

Moisés
Estrelas mil choveram
aos meus pés. Contei uma a uma
até que não restou mais nenhuma,
marchando em fileiras e colunas
um exército preparado, pronto a lutar
estava com os olhos fitos em mim.
Saltei do sono.

REUEL
(Jétero)
> Deus mandou este belo sonho
> para dizer em signo
> que boas coisas vêm em teu caminho.
> Eu quero viver
> até que tudo sobrevenha de verdade.
> Tu és aquele
> que construirá o enorme trono
> e nele hás de sentar-se,
> dando-nos lei,
> traçando uma estrada
> que outros irão seguir.
> Olha por toda parte
> a Terra é morada.
> Vê lá embaixo aquele lugar,
> observa o céu
> onde pendem estrelas.
> Aprende sobre o tempo:
> o que ele foi e o que será.

(Os filhos de Israel clamaram e o seu clamor subiu a Deus)

MOISÉS
> Olha – aquela sarça ardente:
> está falando comigo.
> Outros vão chamar isto de milagre
> não conseguem acreditar.
> Súbito inflamando-se, no entanto
> aquelas flamas guardam as folhas e as flores.
> Preciso descobrir por que
> isto vai tão além
> do que as pessoas pensam que pode acontecer.

(Deus o chamou do meio da sarça)

DEUS
> Fica onde estás,
> herói entre os homens,
> e descalça as tuas sandálias.
> O solo em que estás andando
> me pertence. Coragem, filho,
> ouça: desde que deixe pensamento atrás de si.
> tu que nasceste para morrer,
> haverás de ver como Eu me pareço.
> Armazena em teu coração
> as palavras que Me compõem.
> Eu sou o Deus de teus Pais

a quem recordas na prece:
Sim, eu sou Deus,
Deus de Abraão,
Deus de Isaac,
terceiro,
Deus de Jacó.
O que Eu dei a Meu povo
continua sendo o Meu pensamento.
Eu irei salvá-los.
Eu sei do sofrimento
de sua herança presente:
a escravidão
a que foram lançados.
Vai,
dize a Meu povo e depois ao Rei Faraó
que eu o compeli e o levarei
a tirá-los da terra do Egito.

(Quem sou eu, para ir ao Faraó?)

Moisés

Quando eu nasci
estava impedido de falar.
Minha língua ainda tem
grande dificuldade:
ela cospe,
ela assobia.
Não me peças
para falar com o Faraó.
Eu não posso.

(A ira do Senhor ardeu contra Moisés)

Deus

Envia Aarão, teu irmão,
ao Faraó. Ensina-lhe
o que Eu te ensinei.
Tu és Minha voz,
seja ele a tua.
O que ficar sabendo,
ele dará a saber ao Faraó.

(Durante o caminho, numa estalagem, encontrou-o o Senhor e procurou matá-lo)

Deus

O que tens aí, na tua mão?
Não esperes. Diga logo.

MOISÉS
>   Uma vara de pastor.
>   Também corrige
>   meus inimigos.

DEUS
>   Atira-a no chão –
>   e corre para salvar a vida.
>   O aguilhão será demudado,
>   renascerá dragão serpente:
>   ele te fará arquejar,
>   suar de medo.

MOISÉS
>   Ali está!
>   Deus, para – para, por favor!
>   Não consigo parar
>   de tremer.

DEUS
>   Não sejas criança.
>   Agarra-o pela cauda,
>   tornará a ser tua vara.
>   Agora toca o seio em teu peito,
>   observa-o fazer
>   o que Eu mandei que fizesses.
>   Olha para a tua mão –
>   branca como escama de leproso.
>   Volta a pô-la sobre o coração:
>   ela será renovada.

>   *(Quem quer que tenha visto a serpente de bronze viveu)*

>   *(Vamos e sacrifiquemos a nosso Deus)*

DEUS
>   Por meio desta vara
>   provocarás flagelos.
>   O sangue se precipitará pelo Nilo,
>   o sangue tingirá cada poça e cada fonte.
>   Eu encherei o Egito de pulgas e de rãs,
>   cobrirei sua carne da cinza dos fornos,
>   fazendo-a eruptar e bolhar.
>   As moscas dos cães apodrecerão no sexo de sua gente,
>   enlouquecendo a todos de vergonha.
>   A peste ferirá de silêncio
>   o coração de pedra que lhes bate no peito.

Hei de colocar o céu em cima deles:
gelo e fogo para empedrar e empilhar seus mortos.
Eles irão ver o gado
tossir até morrer,
o pão secar e desfazer-se
antes de deixar o campo.
Para imergi-los na escuridão
vou impor uma sombra no alto.
Três dias de gafanhoto vão formar nuvem sobre
o que devoram,
vão mastigar o verde de teus trigais.
Matarei os seus primogênitos,
todos sem exceção.
Abaterei o orgulho desta nação
uma vez que se ergueu em cólera contra Mim.
O Faraó há de ouvir
tão logo tenha nos braços o corpo de seu menino mais velho.
Então há de entender o que seja medo
e permitirá que o Meu povo parta.
Dize-lhes:
"Agora será o primeiro dia do ano
o mês que inicia os meses,
quando Eu vos enraizar algures
como prometi aos Patriarcas.
Quando a lua estiver plena
deem-me de comer
antes do pôr-do-sol.
Isto será a Páscoa.
Untem vossas portas com sangue
para indicá-las ao anjo de Minha morte
quando ele vier.
Nessa noite comei carne assada.
No dia seguinte o Faraó ficará feliz
vendo-vos partir.
Mas antes de o fazerdes – despojai-os.
Cada uma de vossas mulheres deverá tirar
vasos, roupas, joias, dos egípcios,
tudo o que possam carregar nas costas.
Não esquecei de levar vossa paga:
ouro, prata, vestimentas pesadas.
Quando alcançardes a Terra Prometida
no amanhecer do dia
que passardes para lá,
comei pão sem fermento por sete dias.
E dai-Me o filho mais velho
de tudo o que vive:
machos, abridores de matrizes
cujas mães que os partejam
nunca deram à luz antes".

(Vede, eu vos fiz um deus para o Faraó)

DEUS

    Que os cabeças de meu povo
    que também são chefes de família,
    no décimo dia deste mês,
    de cada família
    tire sua riqueza,
    bezerros e cordeiros perfeitos,
    mantendo-os em resguardo
    até que o décimo quarto dia amanheça.
    Pouco antes do anoitecer
    dai-Mos para a ceia;
    assai o que restar,
    carne e miúdos,
    e comei com vossas famílias.
    Certificai-vos de que vossas roupas
    estão firmemente presas,
    e o cajado em punho,
    que usais botas até as panturrilhas.
    Pois tudo isto é para quando
    o Faraó vos mandar embora.
    Estai preparados para partir.
    Todo chefe de família
    será chamado a responder
    pelo que estiver comendo.
    Depois do jantar
    tomai um feixe de hissopo pelas folhas,
    mergulhai-o em sangue de cordeiro,
    esfregai-o no alto e nos umbrais
    de vossas portas de frente
    de modo que Minha morte saltará
    as casas de meus filhos de Israel.
    Guardai este dia para lembrar-vos de Mim.
    Usai somente pão sem fermento:
    onde viverdes, não deveis ingerir levedo.
    Sereis libertos deste lugar maligno;
    este mês vos conduzirá para fora do Egito,
    pois é o começo dos meses,
    o começo do tempo.

(Quando viu que não havia ninguém, ele abateu o egípcio e o escondeu na areia)

MENSAGEIRO
(Um sobrevivente do exército do Faraó)
    Quando o Rei Faraó deixou o palácio
    dispunha de um exército imenso,

toda a cavalaria e os carros de guerra.
Colocou os melhores soldados
à frente e nos flancos,
fazendo-nos marchar
em coluna compacta: uma falange.
O ruído que produzíamos
poderia dispersar o céu.
A infantaria no centro
guardada por flanqueadores
que deixavam corredores abertos
para os carros entrarem e saírem.
Ginetes à direita e à esquerda.
Perguntais quantos nós éramos:
disseram-me dez mil vezes dez mil,
cada qual um herói.
Alcançamos os judeus.
Eles se atiraram ao chão
junto ao Mar Vermelho
onde todos se amontoavam,
ou então com suas mulheres
estavam alimentando os filhos.
Quebrantados, exaustos de andar.
Haviam trazido tantas coisas de casa.
Quando marchamos à sua vista,
os homens que estavam desarmados
gritaram de desespero,
estirando-se como se fossem
um só corpo,
para o céu,
para o Deus de seus Antepassados.
Armamos acampamento,
nosso júbilo não conhecia limite.
A cidade de Beelzefron ficava perto.
O Sol de Titã quase se pusera
por trás do Ocidente:
tentamos refrear-nos.
Ao cantar do galo amanhã
haveríamos de acabar com os judeus,
seis iriam pegar um.
Tínhamos o número e os meios.
Começou então a terrível testemunha
da ira divina:
uma coluna de fogo
ergueu-se sobre a Terra
entre as nossas linhas e as deles.
Moisés, seu batedor,
levantou a vara,
a que usara contra nós,
e feriu as largas costas das ondas,

UM FRAGMENTO DA PEÇA DE EZEKIELOS – *EXAGOGE*

    dividindo ao meio o Mar Vermelho.
    Eles se precipitaram por este caminho
    que acabava de abrir-se,
    ao longo de uma estrada que nunca volteava
    mas corria reto para o outro lado.
    Nós, por certo, saímos em seu encalço.
    Súbito nossas rodas se travaram firmemente,
    não mais conseguiram girar.
    Uma luz ofuscante,
    um fogo colérico
    se colocou diante de nós.
    Deus estava ao lado deles.
    Da outra margem eles observavam
    a água à nossa voltou a gorgolar e nos tragar.
    Alguém bradou: "Para casa!
    Livrai-vos das mãos do Altíssimo deles:
    Ele ajudou os judeus,
    mas a nós, pobres tolos,
    Ele só nos reserva a morte!"
    O mar recobriu sua estrada;
    todo o nosso exército afundou.

(Eles chegaram a Elim onde havia doze poços)

MENSAGEIRO
(Alguém em Elim)

    Senhor dos senhores, Moisés,
    já sabes
    o que achamos aqui:
    um oásis, erva, poças,
    aguadas por nascente.
    Escuros capinzais, um manancial
    que traz água doce
    fazendo sair doze fontes de uma única rocha.
    Aqui a Terra se aprofunda
    e nos dá tudo do que precisamos.
    Olha – tamareiras,
    setenta destas árvores, fortes e eretas,
    carregadas de frutos.
    Densa relva ondulante
    alimenta o gado.

(O cavalo e o cavaleiro Ele atirou ao mar)

MENSAGEIRO
(Alguém em Elim)

    Vimos um pássaro,
    um estranho um amigo

um como não vereis em nenhuma outra parte:
duas vezes o tamanho da águia,
asas de todos os tons e matizes,
púrpura em sua força,
pés rubros
reluzindo, rutilando
ouro até embaixo enchendo-lhe o peito,
fez com que nos sentíssemos bem.
Com a face de um galo de estimação,
ele olhava o mundo circulante
através da pupila dos olhos amarelos.
Ele falou; pensamos
que devia ser o rei dos ares.
A verdade é que começaram a aparecer pássaros de toda parte,
adejando timidamente atrás de seu corpo.
O júbilo o enfunou como um touro;
ele se empertigou diante de seu povo,
tão depressa quanto podeis ver.

TEATRO NA PERSPECTIVA

O Sentido e a Máscara
   Gerd A. Bornheim (D008)
A Tragédia Grega
   Albin Lesky (D032)
Maiakóvski e o Teatro de Vanguarda
   Angelo Maria Ripellino (D042)
O Teatro e sua Realidade
   Bernard Dort (D127)
Semiologia do Teatro
   J. Guinsburg, J. T. Coelho Netto e Reni C. Cardoso (orgs.) (D138)
Teatro Moderno
   Anatol Rosenfeld (D153)
O Teatro Ontem e Hoje
   Célia Berrettini (D166)
Oficina: Do Teatro ao Te-Ato
   Armando Sérgio da Silva (D175)
O Mito e o Herói no Moderno Teatro Brasileiro
   Anatol Rosenfeld (D179)
Natureza e Sentido da Improvisação Teatral
   Sandra Chacra (D183)
Jogos Teatrais
   Ingrid D. Koudela (D189)
Stanislávski e o Teatro de Arte de Moscou
   J. Guinsburg (D192)
O Teatro Épico
   Anatol Rosenfeld (D193)

Exercício Findo
   Décio de Almeida Prado (D199)
O Teatro Brasileiro Moderno
   Décio de Almeida Prado (D211)
Qorpo-Santo: Surrealismo ou Absurdo?
   Eudinyr Fraga (D212)
Performance como Linguagem
   Renato Cohen (D219)
Grupo Macunaíma: Carnavalização e Mito
   David George (D230)
Bunraku: Um Teatro de Bonecos
   Sakae M. Giroux e Tae Suzuki (D241)
No Reino da Desigualdade
   Maria Lúcia de Souza B. Pupo (D244)
A Arte do Ator
   Richard Boleslavski (D246)
Um Vôo Brechtiano
   Ingrid D. Koudela (D248)
Prismas do Teatro
   Anatol Rosenfeld (D256)
Teatro de Anchieta a Alencar
   Décio de Almeida Prado (D261)
A Cena em Sombras
   Leda Maria Martins (D267)
Texto e Jogo
   Ingrid D. Koudela (D271)
O Drama Romântico Brasileiro
   Décio de Almeida Prado (D273)

Para Trás e Para Frente
   David Ball (D278)
Brecht na Pós-Modernidade
   Ingrid D. Koudela (D281)
O Teatro É Necessário?
   Denis Guénoun (D298)
O Teatro do Corpo Manifesto: Teatro Físico
   Lúcia Romano (D301)
O Melodrama
   Jean-Marie Thomasseau (D303)
Teatro com Meninos e Meninas de Rua
   Marcia Pompeo Nogueira (D312)
O Pós-Dramático: Um conceito Operativo?
   J. Guinsburg e Sílvia Fernandes (orgs.) (D314)
Contar Histórias com o Jogo Teatral
   Alessandra Ancona de Faria (D323)
Teatro no Brasil
   Ruggero Jacobbi (D327)
40 Questões Para um Papel
   Jurij Alschitz (D328)
Teatro Brasileiro: Ideias de uma História
   J. Guinsburg e Rosangela Patriota (D329)
Dramaturgia: A Construção da Personagem
   Renata Pallottini (D330)
Caminhante, Não Há Caminhos. Só Rastros
   Ana Cristina Colla (D331)
Ensaios de Atuação
   Renato Ferracini (D332)
A Vertical do Papel
   Jurij Alschitz (D333)
Máscara e Personagem: O Judeu no Teatro Brasileiro
   Maria Augusta de Toledo Bergerman (D334)
Teatro em Crise
   Anatol Rosenfeld (D336)
João Caetano
   Décio de Almeida Prado (E011)
Mestres do Teatro I
   John Gassner (E036)
Mestres do Teatro II
   John Gassner (E048)
Artaud e o Teatro
   Alain Virmaux (E058)
Improvisação para o Teatro
   Viola Spolin (E062)
Jogo, Teatro & Pensamento
   Richard Courtney (E076)
Teatro: Leste & Oeste
   Leonard C. Pronko (E080)
Uma Atriz: Cacilda Becker
   Nanci Fernandes e Maria T. Vargas (orgs.) (E086)
TBC: Crônica de um Sonho
   Alberto Guzik (E090)
Os Processos Criativos de Robert Wilson
   Luiz Roberto Galizia (E091)
Nelson Rodrigues: Dramaturgia e Encenações
   Sábato Magaldi (E098)
José de Alencar e o Teatro
   João Roberto Faria (E100)
Sobre o Trabalho do Ator
   M. Meiches e S. Fernandes (E103)
Arthur de Azevedo: A Palavra e o Riso
   Antonio Martins (E107)
O Texto no Teatro
   Sábato Magaldi (E111)
Teatro da Militância
   Silvana Garcia (E113)
Brecht: Um Jogo de Aprendizagem
   Ingrid D. Koudela (E117)
O Ator no Século XX
   Odette Aslan (E119)
Zeami: Cena e Pensamento Nô
   Sakae M. Giroux (E122)
Um Teatro da Mulher
   Elza Cunha de Vincenzo (E127)
Concerto Barroco às Óperas do Judeu
   Francisco Maciel Silveira (E131)
Os Teatros Bunraku e Kabuki: Uma Visada Barroca
   Darci Kusano (E133)
O Teatro Realista no Brasil: 1855-1865
   João Roberto Faria (E136)
Antunes Filho e a Dimensão Utópica
   Sebastião Milaré (E140)
O Truque e a Alma
   Angelo Maria Ripellino (E145)
A Procura da Lucidez em Artaud
   Vera Lúcia Felício (E148)
Memória e Invenção: Gerald Thomas em Cena
   Sílvia Fernandes (E149)
O Inspetor Geral de Gógol/Meyerhold
   Arlete Cavaliere (E151)
O Teatro de Heiner Müller
   Ruth C. de O. Röhl (E152)
Falando de Shakespeare
   Barbara Heliodora (E155)
Moderna Dramaturgia Brasileira
   Sábato Magaldi (E159)
Work in Progress na Cena Contemporânea
   Renato Cohen (E162)
Stanislávski, Meierhold e Cia
   J. Guinsburg (E170)
Apresentação do Teatro Brasileiro Moderno
   Décio de Almeida Prado (E172)

Da Cena em Cena
    J. Guinsburg (E175)
O Ator Compositor
    Matteo Bonfitto (E177)
Ruggero Jacobbi
    Berenice Raulino (E182)
Papel do Corpo no Corpo do Ator
    Sônia Machado Azevedo (E184)
O Teatro em Progresso
    Décio de Almeida Prado (E185)
Édipo em Tebas
    Bernard Knox (E186)
Depois do Espetáculo
    Sábato Magaldi (E192)
Em Busca da Brasilidade
    Claudia Braga (E194)
A Análise dos Espetáculos
    Patrice Pavis (E196)
*As Máscaras Mutáveis do
Buda Dourado*
    Mark Olsen (E207)
Crítica da Razão Teatral
    Alessandra Vannucci (E211)
Caos e Dramaturgia
    Rubens Rewald (E213)
Para Ler o Teatro
    Anne Ubersfeld (E217)
Entre o Mediterrâneo e o Atlântico
    Maria Lúcia de Souza B. Pupo (E220)
*Yukio Mishima: O Homem de Teatro
e de Cinema*
    Darci Kusano (E225)
O Teatro da Natureza
    Marta Metzler (E226)
Margem e Centro
    Ana Lúcia V. de Andrade (E227)
Ibsen e o Novo Sujeito da Modernidade
    Tereza Menezes (E229)
Teatro Sempre
    Sábato Magaldi (E232)
O Ator como Xamã
    Gilberto Icle (E233)
A Terra de Cinzas e Diamantes
    Eugenio Barba (E235)
A Ostra e a Pérola
    Adriana Dantas de Mariz (E237)
A Crítica de um Teatro Crítico
    Rosangela Patriota (E240)
O Teatro no Cruzamento de Culturas
    Patrice Pavis (E247)
*Eisenstein Ultrateatral: Movimento
Expressivo e Montagem de Atrações
na Teoria do Espetáculo de Serguei Eisenstein*
    Vanessa Teixeira de Oliveira (E249)
Teatro em Foco
    Sábato Magaldi (E252)
*A Arte do Ator entre os
Séculos XVI e XVIII*
    Ana Portich (E254)
O Teatro no Século XVIII
    Renata S. Junqueira e Maria Gloria C.
    Mazzi (orgs.) (E256)
A Gargalhada de Ulisses
    Cleise Furtado Mendes (E258)
Dramaturgia da Memória no Teatro-Dança
    Lícia Maria Morais Sánchez (E259)
A Cena em Ensaios
    Béatrice Picon-Vallin (E260)
Teatro da Morte
    Tadeusz Kantor (E262)
Escritura Política no Texto Teatral
    Hans-Thies Lehmann (E263)
Na Cena do Dr. Dapertutto
    Maria Thais (E267)
A Cinética do Invisível
    Matteo Bonfitto (E268)
*Luigi Pirandello:
Um Teatro para Marta Abba*
    Martha Ribeiro (E275)
Teatralidades Contemporâneas
    Sílvia Fernandes (E277)
Conversas sobre a Formação do Ator
    Jacques Lassalle e Jean-Loup Rivière
    (E278)
A Encenação Contemporânea
    Patrice Pavis (E279)
As Redes dos Oprimidos
    Tristan Castro-Pozo (E283)
O Espaço da Tragédia
    Gilson Motta (E290)
A Cena Contaminada
    José Tonezzi (E291)
A Gênese da Vertigem
    Antonio Araújo (E294)
*A Fragmentação da Personagem no Texto
Teatral*
    Maria Lúcia Levy Candeias (E297)
*Alquimistas do Palco: Os Laboratórios
Teatrais na Europa*
    Mirella Schino (E299)
*Palavras Praticadas: O Percurso Artístico de
Jerzy Grotowski, 1959-1974*
    Tatiana Motta Lima (E300)
*Persona Performática: Alteridade e
Experiência na Obra de Renato Cohen*
    Ana Goldenstein Carvalhaes (E301)
Como Parar de Atuar
    Harold Guskin (E303)

Metalinguagem e Teatro: A Obra de Jorge Andrade
  Catarina Sant Anna (E304)
Enasios de um Percusro
  Esther Priszkulnik (E306)
Função Estética da Luz
  Roberto Gill Camargo (E307)
Poética de "Sem Lugar"
  Gisela Dória (E311)
Entre o Ator e o Performer
  Matteo Bonfitto (E316)
A Missão Italiana: Histórias de uma Geração de Diretores Italianos no Brasil
  Alessandra Vannucci (E318)
Além dos Limites: Teoria e Prática do Teatro
  Josette Féral (E319)
Ritmo e Dinâmica no Espetáculo Teatral
  Jacyan Castilho (E320)
A Voz Articulada Pelo Coração
  Meran Vargens (E321)
Beckett e a Implosão da Cena
  Luiz Marfuz (E322)
Teorias da Recepção
  Claudio Cajaiba (E323)
A Dança e Agit-Prop
  Eugenia Casini Ropa (E329)
Teatro Hip-Hop
  Roberta Estrela D'Alva (E333)
Do Grotesco e do Sublime
  Victor Hugo (EL05)
O Cenário no Avesso
  Sábato Magaldi (EL10)
A Linguagem de Beckett
  Célia Berrettini (EL23)
Idéia do Teatro
  José Ortega y Gasset (EL25)
O Romance Experimental e o Naturalismo no Teatro
  Emile Zola (EL35)
Duas Farsas: O Embrião do Teatro de Molière
  Célia Berrettini (EL36)
Marta, A Árvore e o Relógio
  Jorge Andrade (T001)
O Dibuk
  Sch. An-Ski (T005)
Leone de 'Sommi: Um Judeu no Teatro da Renascença Italiana
  J. Guinsburg (org.) (T008)
Urgência e Ruptura
  Consuelo de Castro (T010)
Pirandello do Teatro no Teatro
  J. Guinsburg (org.) (T011)
Canetti: O Teatro Terrível
  Elias Canetti (T014)
Idéias Teatrais: O Século XIX no Brasil
  João Roberto Faria (T015)
Heiner Müller: O Espanto no Teatro
  Ingrid D. Koudela (org.) (T016)
Büchner: Na Pena e na Cena
  J. Guinsburg e Ingrid Dormien Koudela (orgs.) (T017)
Teatro Completo
  Renata Pallottini (T018)
Barbara Heliodora: Escritos sobre Teatro
  Claudia Braga (org.) (T020)
Machado de Assis: Do Teatro
  João Roberto Faria (org.) (T023)
Luís Alberto de Abreu: Um Teatro de Pesquisa
  Adélia Nicolete (org.) (T025)
Teatro Espanhol do Século de Ouro
  J. Guinsburg e N. Cunha (orgs.) (T026)
Tatiana Belinky: Uma Janela para o Mundo
  Maria Lúcia de S. B. Pupo (org.) (T28)
Um Encenador de si Mesmo: Gerald Thomas
  J. Guinsburg e Sílvia Fernandes (S021)
Três Tragédias Gregas
  Guilherme de Almeida e Trajano Vieira (S022)
Édipo Rei de Sófocles
  Trajano Vieira (S031)
As Bacantes de Eurípides
  Trajano Vieira (S036)
Édipo em Colono de Sófocles
  Trajano Vieira (S041)
Agamêmnon de Ésquilo
  Trajano Vieira (S046)
Antígone de Sófocles
  Trajano Vieira (S049)
Lisístrata e Tesmoforiantes
  Trajano Vieira (S052)
Os Persas de Ésquilo
  Trajano Vieira (S55)
Teatro e Sociedade: Shakespeare
  Guy Boquet (K015)
O Cotidiano de uma Lenda
  Cristiane L. Takeda (PERS)
Eis Antonin Artaud
  Florence de Mèredieu (PERS)
Eleonora Duse: Vida e Obra
  Giovanni Pontiero (PERS)
Linguagem e Vida
  Antonin Artaud (PERS)
Ninguém se Livra de seus Fantasmas
  Nydia Licia (PERS)
Sábato Magaldi e as Heresias do Teatro
  Maria de Fátima da Silva Assunção (PERS)
Meierhold
  Béatrice Picon-Valin (PERS)

Nissim Castiel: Do Teatro da Vida Para o Teatro da Escola
    Debora Hummel e Luciano Castiel (orgs.) (MP01)
O Grande Diário do Pequeno Ator
    Debora Hummel e Silvia de Paula (orgs.) (MP02)
Um Olhar Através de... Máscaras
    Renata Kamla (MP03)
Br-3
    Teatro da Vertigem (LSC)
Com os Séculos nos Olhos
    Fernando Marques (LSC)
Dicionário de Teatro
    Patrice Pavis (LSC)
Dicionário do Teatro Brasileiro: Temas, Formas e Conceitos
    J. Guinsburg, João Roberto Faria e Mariangela Alves de Lima (coords.) (LSC)
História do Teatro Brasileiro, v. 1: Das Origens ao Teatro Profissional da Primeira Metade do Século XX
    João Roberto Faria (Dir.) (LSC)
História do Teatro Brasileiro, v. 2: Do Modernismo às Tendências Contemporâneas
    João Roberto Faria (Dir.) (LSC)
História Mundial do Teatro
    Margot Berthold (LSC)
O Jogo Teatral no Livro do Diretor
    Viola Spolin (LSC)
Jogos Teatrais: O Fichário de Viola Spolin
    Viola Spolin (LSC)
Jogos Teatrais na Sala de Aula
    Viola Spolin (LSC)
Queimar a Casa: Origens de um Diretor
    Eugenio Barba (LSC)
Rastros: Treinamento e História de Uma Atriz do Odin Teatret
    Roberta Carreri (LSC)
Teatro Laboratório de Jerzy Grotowsky
    Ludwik Flaszen e Carla Pollastrelli (cur.) (LSC)
Últimos: Comédia Musical em Dois Atos
    Fernando Marques (LSC)
Uma Empresa e seus Segredos: Companhia Maria Della Costa
    Tania Brandão (LSC)
Zé
    Fernando Marques (LSC)

Este livro foi impresso em São Bernardo do Campo,
nas oficinas da Paym Gráfica e Editora, em março de 2015,
para a Editora Perspectiva.